Sagen und Geschichten aus Oldenburg und dem Oldenburger Land

Für meine Tochter
Marissa Kristina

Bernd H. Munderloh

Sagen und Geschichten aus Oldenburg und dem Oldenburger Land

Edition Falkenberg

© Juliane Smalla

Der Autor

Bernd H. Munderloh wurde 1947 in Oldenburg geboren und lehrte nach seinem Studium in Hamburg als Gymnasiallehrer an verschiedenen Schulen im In- und Ausland, zuletzt am Gymnasium Bad Zwischenahn-Edewecht. Nach dreißig Jahren »im Exil« wohnt er seit 1997 wieder in seiner Heimatstadt. Er füllt sein Rentnerdasein als Stadt- und Kirchenführer aus, arbeitet als interkultureller Trainer u.a. für Lehrkräfte und ist als Sprachlehrer für unterschiedliche Organisationen tätig. Als Co-Autor brachte er 2022 eine Neuauflage der »Oldenburger Straßennamen« heraus.

Titelzeichnung: Peter Fischer, Winkeldorf

1. Auflage 2023

siehe auch die Anmerkung auf S. 125.

ISBN 978-3-95494-314-2
www.edition-falkenberg.de

Inhalt

Geleitwort von Dr. Natalie Geerlings 9
Geleitwort von Dr. Jörgen Welp 10
Vorwort 12

Die Oldenburger 13
Moin 17

Sagen und Anekdoten über die Oldenburger Grafen und Herzöge

Der Löwenkampf oder wie das Haus
Oldenburg zu seinem Wappen kam 19
Das Oldenburger Wunderhorn 22
Die Bremer Taufe 23
Wenn Schiffe die Osenberge überqueren 26
Wer hat den schönsten Titel? 27
Graf Anton Günther 28
Kohmeß statt Perdemeß 28
Kranich 29
Frät'n up! 32
Die Osternburger Dreifaltigkeitskirche
oder Holzschuhe unerwünscht 33

Kostbare Stühle 34
Die Pastorei oder die Umsicht des Grafen 36
Der Umbau des Oldenburger Schlosses oder Bewahrheitung eines Fluchs 36
Zwei Birnen 38
Das goldene Pflaster 39
Schlagfertige Oldenburger 40
Großherzoglich Oldenburgische Eisenbahn 40
Der schlaue Moses 41
Kuhfladen 42
Hengste 43
Schweigsamer Einkauf 44
Der schlagfertige Jandierk 48
»Aber Dr. Meyer nich!« 49
Harte Schädel 50

Mutige und gewitzte Frauen

Buttler Anna 52
Die unerschrockene Magd vom Wildenloh 53
Die kluge Frau des Junkers oder »Eier in die Pann« 56
Die pfiffige Wirtin 59

Geschichten aus Oldenburg und umzu

Die Gertrudenlinde auf dem Gertrudenkirchhof in Oldenburg 62
Der letzte Junker von der Bodenburg 64
Das Spökenkerlshus in Rastede 65
Die »Hohen Herren vom Hohen Weg« oder Hochmut kommt vor dem Fall 66
Maria von Jever 69
Die Braut von Fikensholt 70
Ohmstede und Schellstede 72
Wie Ganderkesee zu einer Kirche kam 73
Wedekinds Bekehrung in Wildeshausen 75

Sagen über den Teufel

Wie der Teufel Oldenburg vernichten wollte 79
Wer kann den Teufel eher besiegen? 81
Der Teufel und die wahre Liebe 83

Wiedergänger

Die böse Sieben in Hatten 91
Kaufmann Muhle und sein schlechtes Gewissen 94
Die Mörderhand 95
Der Diebstahl der Kriegskasse 96
Die beiden Hollandgänger 99

Walridersken 100
Die Walriderske von Rostrup 100

Ortssagen

Visbeker Braut und Bräutigam 103
Das Geheimnis der Steinplatte 105
Die Namensgebung von Goldenstedt 106
Die Namensgebung von Wardenburg 107
Die Namensgebung von Zetel 107
Der Westersteder Kirchturm 108
Familiäres vom Klosterhof Jürden 110
Wie Wiefelstede zu einer Orgel kam 112
Über die Zerstörung des Klosters in Hude 113
Die Riesen von Bookholzberg 114
Wie die Grafschaft Vechta zu Münster kam 115
Feuer auf dem Wiefelsteder Esch 117
Der Stedinger Knecht, der in die Zukunft sehen konnte 118
Die verschwundene Schatzkiste von Burhave 119
Pingel-Krischan 121

Bibliografie 123
Danksagung 125
Ortsregister 126

Geleitwort

von Dr. Natalie Geerlings, Kunsthistorikerin

Ohne Sagen und Geschichten würde unserem Alltag einiges fehlen. Wer erinnert sich nicht gerne an gemütliche Stunden, in denen gebannte Kinder Märchen lauschten und sich mit den Figuren dieser Geschichten ins Abenteuer begaben. Heute lassen uns Bücher, Comics, Filme und Hörspiele Geschichten von Heldinnen und Helden durchleben, eröffnen uns Welten, in denen alles möglich ist und manche Erklärungen fantastisch und dennoch einfach sind. Die Filmindustrie nimmt sich genau dieser Geschichten an und zeigt damit, dass sie in allen Altersklassen funktionieren. Schließlich waren Märchen früher ja auch gar nicht unbedingt für Kinder gedacht, sondern dienten Erwachsenen unter anderem dazu, lange, dunkle Winterabende zu verkürzen.

Jede Region hat ihre Sagen und Legenden. Auch im Oldenburger Land erzählen sich Menschen Geschichten, um Unerklärliches verständlich zu machen und Besonderheiten zu verbreiten. In diesem Sinne wünsche ich Ihnen viel Vergnügen mit den Geschichten des Oldenburger Landes, die sie durch verschiedene Zeiten und auch mal über die Landesgrenzen tragen.

Geleitwort

von Dr. Jörgen Welp, Archäologe
stellv. GF der Oldenburgischen Landschaft, K.d.ö.R.

Mit Sagen, Anekdoten und Geschichten haben sich die Menschen seit Vorzeiten nicht nur unterhalten, sondern sich vor allem auch die Welt erklärt. So gesehen, tun wir das bis heute. Daraus resultierten die große Aktualität, die Sagen und Mythen bis heute besitzen, und das große Interesse, das wir ihnen immer wieder entgegenbringen.

Die Sagenwelt einer Region gehört zu deren Identität wie die Gebäude und die Natur vor Ort und natürlich die Menschen, die dort leben. Um eine Region wirklich kennenzulernen, ist das Wissen um die entsprechende Sagenwelt elementar wichtig. Als man sich für die heimischen Sagen zu interessieren begann, schrieb man sie auf und verfasste teilweise umfangreiche Sammlungen der Sagenüberlieferung. Das Wichtige an einer Sage ist aber der Erzählstoff an sich, ihre Kernerzählung. Die Gattung der literarischen Darstellung ist dabei zweitrangig: Es spielt keine Rolle, ob sie als Gedicht, als Epos, als Theaterstück oder als Prosatext daherkommt. Das vorliegende Sammelwerk fasst die Sagenstoffe in kürzeren Prosatexten übersichtlich zusammen. Damit hat das Buch den Vorzug, dass es die Möglichkeit bietet, sich schnell und unkompliziert ein Bild vom Sagenreichtum Oldenburgs und des Oldenburger Landes zu machen. Bildung und Unterhaltung liegen dabei dicht beieinander und werden dem Buch sicherlich viele interessierte Leserinnen und Leser verschaffen.

Vorwort

von Bernd H. Munderloh

Sagen und Geschichten über Oldenburg und das Oldenburger Land gibt es seit vielen Jahrhunderten. Ludwig Strackerjan hat eine große Anzahl gesammelt und veröffentlicht; andere haben sie überarbeitet und neu erzählt. Zu diesen Sagen, die ja zumeist einen realen Hintergrund haben, habe ich weitere kurze Erzähltexte von anderen Autoren hinzugefügt, die meiner Ansicht nach recht gut zu uns Oldenburgern passen.

Drei Gründe haben mich bewogen, diese Zusammenstellung bekannter und weniger bekannter Sagen und Geschichten neu vorzunehmen. Einerseits möchte ich darstellen, wo uns einige Geschichten noch heute in Oldenburg und umzu begegnen, zum anderen möchte ich diese Geschichten einem Leserkreis erschließen, dem das Plattdeutsche nicht mehr so geläufig ist. Und drittens möchte ich mit Hilfe der Geschichten darstellen, welcher Menschenschlag hier seit Generationen zuhause ist.

Bei der Auswahl habe ich mich von der Idee leiten lassen, mich auf eine möglichst große Bandbreite von Texten zu stützen, die gut lesbar und interessant sind.

Die Oldenburger

Die Oldenburger – tja, wer oder was sind wir überhaupt? Wenn man/frau heute »Oldenburger« bei Google eingibt, erscheinen dort Begriffe zu »Pferden«, »Butter« und »Käse«.

Pferdefreunde verbinden mit dem Begriff eine Pferderasse, die bereits von Graf Anton Günthers Vater gezüchtet worden ist. Im 17. Jahrhundert erreichten diese Schweren Warmblüter ihren Höhepunkt als elegante und kräftige Kutschpferde. In den 1960er Jahren wurden die Alt-Oldenburger mit vollblütigen Arabern gekreuzt und sind seither als Sportpferde beliebt.

In Fernost steht die Marke »Oldenburger« für Qualitätsprodukte aus dem Molkereiwesen. Unter diesem Namen exportiert das Deutsche Milchkontor seine Produkte weltweit.

Aber wer sind nun die Oldenburger als Menschen? Zunächst einmal sind es jene, die in der 173.000-Einwohnerstadt Oldenburg in Niedersachsen leben – nicht mitgerechnet die anderen Oldenburgs, zum Beispiel in Schleswig-Holstein, in Mecklenburg-Vorpommern oder in Indiana/USA. In diesem Büchlein geht es ausschließlich um die Oldenburger aus Oldenburg in Niedersachsen.

In den Jahrhunderten zuvor waren die Oldenburger diejenigen, die in der Grafschaft bzw. später im (Groß-)Herzogtum Oldenburg lebten; das heißt, von Damme bis nach Wangerooge, von Westerstede bis zum nördlichen Weserlauf. Bis Mitte des 19. Jahrhunderts lebte hier ein Menschenschlag relativ isoliert im wenig besiedelten Nordwesten Deutschlands. Das Land hier ist seit Jahrhunderten gekennzeichnet durch die drei Landschaftsformen Geest, Marsch und Moor und war bis weit ins 19. Jahrhundert hinein ziemlich unzugänglich.

Auf der Geest (trockenes, eher unfruchtbares Land) und in den Moorgegenden waren die Lebensbedingungen für die Bewohner nicht leicht, während im nördlichen Teil des Oldenburger Landes fruchtbarer Marschboden vorherrschend war. Dieser machte die dort siedelnden Bauern wohlhabend.

Die relative Einsamkeit und die zum Teil unvorteilhaften Lebensumstände hatten großen Einfluss auf die hier lebenden Menschen. August Wilhelm Grube beschrieb dies 1875 in seinen »Geographischen Charakterbildern« folgendermaßen: »Die Oldenburger sind von Natur aus phlegmatisch. Sie bewegen sich nicht gern und sind außerdem sehr mundfaul.«

Der Oldenburger Mediziner Jonas Goldschmidt sagte 1847 über seine Landsleute: »Der Oldenburger hängt mit ungemeiner Zähigkeit an dem Boden, der ihn geboren, an dem Dorfe, in dem er erzogen.« Und weiter: »Die oldenburgischen Seeleute sind bei den Holländern und den Hansestädten sehr gesucht; wegen ihrer Nüchternheit, Verlässlichkeit und ihrer Ruhe. Bei Gefahren werden sie allen übrigen Seeleuten vorgezogen.«

Er fährt fort:« Keinem deutschen Volksstamme ist Bedenklichkeit und ängstliche Vorsorge mehr eigen als dem Oldenburger ... Er ist am wenigsten geneigt, zu wetten und zu wagen, um sein Vermögen irgendwie aufs Spiel zu setzen.« Nicht von ungefähr ist über dem Eingang des Oldenburger Rathauses (Baujahr 1887) folgender Spruch zu lesen: »Erst wäg's, dann wag's.«

Ganz anders klingt es bei den Personen, die sich längere Zeit in der Stadt Oldenburg aufgehalten haben. So heißt es bei Ludwig von Holberg 1745: »In Oldenburg hielt ich mich einige Tage auf. Ich kann mit Wahrheit sagen, daß ich noch an keinem Ort mit mehrerm Vergnügen als hier gelebt habe (...) vielleicht wäre man an andern Orten kostbarer bewirthet worden, nirgends aber konnte man freyer und mit mehrerm Vergnügen speisen. Und daher ist es leicht zu vermuthen, daß ich Oldenburg sehr ungern werde verlassen haben«.

Der Oldenburger Karl Fissen schreibt 1954: »Wie wir an unserer Sprache, unseren Sitten und Bräuchen festhalten, so hängen wir auch an unserer Stadt mit all ihren Eigenheiten. Wir haben nun mal bei allem Streben nach vernünftigem Fortschritt einen gewissen Lokalpatriotismus ... Wir haben ein gewisses Misstrauen gegen alles, noch nicht bewährte Fremde. Mit Vorliebe sind wir in einem Lokal oder in der Eisenbahn allein, d.h. unter uns. Dabei lieben wir eine gemütliche Geselligkeit ... bei aller Neigung zur Zurückgezogenheit heißen wir jedoch jeden Gast, der unsere alte ehemalige Landeshauptstadt betritt, herzlich willkommen.« Als Oldenburg 1867 an das deutsche Eisenbahnnetz angeschlossen wurde und somit leichter erreichbar war, wurden auch die Oldenburger etwas mobiler.

Mittlerweile sind die »Ur-Oldenburger« prozentual weniger geworden, da nur noch ca. 38 Prozent der heute in Oldenburg lebenden Menschen (Stand 2023) in Oldenburg geboren wurden. Nach dem Zweiten Weltkrieg kamen ca. 40.000 Flüchtlinge und durch die Wellen von 2015 und 2022 ebenfalls mehrere tausend.

Moin

Seit langem grüßt man sich an der ost- und nordfriesischen Küste Tag und Nacht mit »Moin«. Inzwischen hat sich dieser Gruß auch nach Süden vorgearbeitet, und es klingt für viele nicht mehr ganz so befremdlich. Als ich Ende der sechziger Jahre nach Hamburg zog, wurde ich schief angesehen, wenn ich nachmittags oder abends mit »Moin« grüßte.

»Moin« ist eine Verkürzung des plattdeutschen Grußes »mojen dag«, was soviel wie »Guten Tag« bedeutet. Ein Beispiel für die Wortkargheit der Oldenburger. So übersetzt Heinrich Höpken das »Moin!« nicht nur mit »Guten Tag«, sondern auch mit »Das ist aber fein, das freut mich aber, das mag ich gern leiden, es ist nett und richtig schön.«

»Moin« kann auf unterschiedliche Art ausgesprochen werden. Es hängt vor der jeweiligen Situation oder auch der Stimmung des Grüßenden bzw. des Gegrüßten ab. Ist es ein kurzes, dahin geschmettertes »Moin«, ist man meist gut gelaunt, grüßt vielleicht einen entgegenkommenden Bekannten auf dem Fahrrad oder begrüßt eine befreundete Einzelperson.

Mit einem langen Diphthong oder sogar als zweisilbiges »Mo-hoin« begrüßt man eine größere

Gruppe. Allerdings kann ein gedehntes »Mooiin« auch Müdigkeit oder Lustlosigkeit ausdrücken.

Nach einem weit verbreiteten Witz sollte man nie »Moin Moin« sagen, denn das wäre ja schon gesabbelt. Allerdings bin ich der Meinung, dass es durchaus Situationen gibt, in denen ein »Moin Moin« angebracht ist bzw. vorkommt. Ein Beispiel dafür ist die Begegnung zweier Radler, von denen der eine erst im letzten Moment den anderen erkennt und dann das »Moin« schnell verdoppelt. Allerdings wird das erste »Moin« so verschluckt, dass es wie »Memoin« oder »Mmoin« klingt. »Moin, moin« wird also eher als Antwort auf ein »Moin« gesagt.

Gerade in ländlichen Gegenden werden auch Unbekannte stets mit »Moin« gegrüßt.

In letzter Zeit wird gerade von jungen Leuten das »Moin« in »Moinsen« umgewandelt. Auch Axel Prahl in seiner Rolle als Kommissar Thiel in den Münsteraner Tatort-Folgen benutzt häufig das leutselige »Moinsen«.

»Moin« ist mittlerweile zu einem Markenzeichen der Norddeutschen geworden. Es begegnet einem überall. In Souvenirläden kann man Tassen, Mützen, Jutebeutel, Handtücher, Frühstücksbretter, T-Shirts u.ä. mit aufgedrucktem »Moin« kaufen.

Sagen und Anekdoten über die Oldenburger Grafen und Herzöge

Der Löwenkampf oder wie das Haus Oldenburg zu seinem Wappen kam

Zu den Zeiten Kaiser Heinrichs IV. lebte in Rastede Graf Huno. Sein Sohn hieß Friedrich. Beide waren sehr fromm und beteten fast Tag und Nacht zu Gott. Deshalb kam Graf Huno nicht zu dem vom Kaiser einberufenen Reichstag nach Goslar, der auch dazu diente, dass die deutschen Fürsten dem Kaiser ihre Treue bewiesen.

Das Fernbleiben von Graf Huno benutzte der Erzbischof von Bremen, um den Grafen beim Kaiser anzuschwärzen. So behauptete er, dass Graf Huno einen Verrat plane. Das konnte der Kaiser nicht gutheißen. Er befahl dem Grafen zur Kaiserpfalz nach Goslar zu kommen, wo er aufgefordert wurde, sich einem Gottesurteil zu unterziehen. Ein von Huno ausgesuchter Recke sollte dort gegen einen Kämpfer des Kaisers antreten.

Graf Huno erwählte seinen Sohn Friedrich.

Kurz nach ihrer Ankunft erfuhren die Oldenburger, dass auf Seiten des Kaisers ein sehr hungriger Löwe kämpfen würde. Da griff Graf Friedrich zu einer List: Zusammen mit seinen Gefolgsleuten baute er eine Puppe aus Stroh, die er mit Ochsenblut und Schweinefett einrieb und auf seinem goldfarbigen Schild befestigte.

Am nächsten Morgen gelobten Graf Huno und sein Sohn Friedrich vor dem Kampf, dass sie im Falle eines Sieges ein Kloster zu Ehren der Mutter Gottes bauen wollten. Und so betrat der Grafensohn als Erster die Arena.

Der Kaiser guckte von einer Tribüne aus zu und war sehr gespannt, wie schnell der Löwe den Grafensohn zerfleischen würde. Doch als der Löwe schließlich auf den Kampfplatz kam, griff er die Puppe an, die am Schild befestigt war. In diesem Moment tötete der Grafensohn den Löwen mit einem einzigen Schwertstreich. Der Kaiser war begeistert ob dieser List der cleveren Oldenburger. Er sprang zum Kadaver des Löwen hinunter, tunkte seine Hand in das Blut des Tieres und strich zweimal über den vergoldeten Schild des Oldenburger Grafen. Seitdem trägt das Adelsgeschlecht Haus Oldenburg sein Wappen: zwei rote Linien auf goldenem Grund. Außerdem schenkte der Kaiser dem Grafensohn noch einen Ring.

Huno und sein Sohn Friedrich, die vor dem Kampf gelobt hatten, etwas Wohltätiges für Gott zu tun, gründeten das Kloster Rastede. Da Huno anfangs noch unsicher war, wo er das Kloster bauen sollte, ließ er einen Schwan fliegen. Wo der sich niederließ, dort sollte das Kloster stehen.

Der Schwan flog ins Ammerland, kreiste eine Zeitlang über dem Platz des jetzigen Dorfes Wiefelstede, zweifelnd, wie es schien, ob er sich niederlassen sollte oder nicht. Deshalb nannte man den Ort Twiwelstede – wie der Name lange Zeit ausgesprochen wurde. Dann zog der Schwan aber weiter und setzte sich dort nieder, wo sich jetzt das Schloss Rastede befindet. Weil er dort rastete, nannte man den Ort Raststätte. Hier ließ Graf Huno das Kloster bauen.

Nach einer anderen Überlieferung kommt der Name Rastede von dem plattdeutschen Wort raden (roden). Das Dorf sei auf einer gerodeten Waldstätte angelegt worden und heiße eigentlich Radestätte.

Dieser Löwenkampf ist auf einem Gemälde im Oldenburger Schloss über dem Eingang zum Schlosssaal abgebildet. Außerdem hat Graf Anton Günther an der Schlossfassade ein Relief mit einem Schwert und einem Löwenkopf anbringen lassen. Das Wappen prangt zusammen mit dem Wappen von Delmenhorst über dem Eingang des Oldenburger Schlosses. Es ist auch in der Mitte des Wappens des Königreiches Dänemark abgebildet, da die Königsfamilie ja seit dem 15. Jahrhundert aus dem Hause Oldenburg stammt.

Das Oldenburger Wunderhorn

Graf Otto von Oldenburg war ein passionierter Jäger. Eines Tages ritt er mit seinem Gefolge ins Barneführerholz im Süden Oldenburgs, um in den Osenbergen etwas Wild zu jagen. Bei der Verfolgung eines Rehs hatte er sich von seinen Dienern entfernt und als er schließlich anhielt, sagte er laut: »Ach, ich wünschte, ich hätte einen kalten Trunk in meinen Händen.«

Plötzlich öffnete sich ein Spalt im Berg, und heraus trat eine wunderschöne Jungfrau, die mit prunkvollen Gewändern vornehm gekleidet war. Sie hielt ein edles, reich verziertes Trinkgefäß in ihren Händen und bot es Graf Otto an. Doch die Flüssigkeit in dem Trinkhorn kam ihm nicht geheuer vor, daher weigerte er sich, daraus zu trinken.

»Trinkt nur aus diesem Gefäß, werter Herr«, sprach die Jungfrau, »Ihr werdet es nicht bereuen. Euch und Eurem Geschlecht sowie Eurem Land wird es wohl ergehen. Wenn Ihr jedoch nicht daraus trinkt, dann wird es Zwietracht und Streit unter Euren Nachkommen geben.«

Aber der Graf hörte nicht auf sie. Er nahm das Trinkhorn und schüttete die Flüssigkeit aus, wobei ein paar Tropfen im Fell seines Pferdes landeten anstatt auf dem Boden – und versengten ihm sofort die Mähne. Die Jungfrau forderte das Gefäß zurück, doch der Graf gab dem Pferd die Sporen und jagte mit dem Trinkhorn davon. Als er sich noch einmal kurz umblickte, konnte er sehen, wie die Jungfrau durch den Spalt wieder in die Osenberge versank.

Das Horn bekam einen Ehrenplatz im Schloss und wurde bei feierlichen Anlässen benutzt. Allerdings beklagten sich alle Gäste, die aus dem Horn tranken, über den komischen Geschmack. Doch dies war das Einzige, was zu beklagen war.

Am Ende der »Dänenzeit« (1773) nahmen die Beamten dieses »Wunderhorn« mit nach Kopenhagen, wo es zum dänischen Kronschatz gehört und noch heute zu bewundern ist. Eine Nachbildung ist im Oldenburger Schloss ausgestellt.

Die Bremer Taufe

Graf Gerd lebte mit den Bremern stets auf Kriegsfuß, da er keine Verträge hielt, den Kaufleuten das zuvor zugesicherte freie Geleit brach und ihren Schiffen auf der Weser Zoll abverlangte.

Um ihn zu bestrafen, verbündeten sich die Bürger der Hansestadt mit ihrem neuen Bischof Graf Heinrich von Schwarzburg, der gleichzeitig Bischof von Münster war. Graf Gerd pflegte ihn verächtlich nur als »das Tintenfass« zu bezeichnen, aber der Bischof war ein guter Feldherr und fügte den Oldenburgern großen Schaden zu.

Im Jahre 1464 rückte Bischof Heinrich mit Soldaten aus dem Münsterland samt einer Bürgertruppe aus Bremen in die Grafschaft Oldenburg ein und ging auf Raubzug durch das Ammerland. Er ließ alles Vieh wegtreiben, beschlagnahmte den Hausrat, die Betten, die Kleider und Lebensmittel, wie Speck, Würste und Fleisch, ließ alles auf die mitgebrachten Wagen packen und abtransportieren.

Danach zog er sich mit einer Truppe über die Geest bei Hatten und Wildeshausen zurück nach Bremen. Er riet den Hansestädtern, ihm nachzufolgen. Der Bremische Hauptmann Arp Bicker jedoch meinte, der kürzere Weg vom Ammerland nach Bremen führe durch Moorriem in der Wesermarsch, weshalb er mit Ross und Tross über Moorhausen und Gellen in Richtung Elsfleth zog.

Als die Ammerländer merkten, dass sich die Bremer von ihrem Bischof abgesondert hatten und einen anderen Weg marschierten, schlugen sie die Sturmglocken. Da kam ihnen die gesamte wehrfähige Mannschaft des Umlandes zu Hilfe. Von Norden sammelten sich die Bauern von Hammelwarden, Neuenbrok und Oldenbrok, von Westen die Oldenburger unter Führung des Grafen Gerd.

Und weil die Bremer mit ihren Wagen beim Dorf Paradies im grundlosen Morast feststeckten, konnten sie sich gegen den anrückenden Feind nicht zur Schlachtordnung aufstellen. Sie mussten alles im Stich lassen und kannten nur ein Ziel: südwärts über die Hunte zu entkommen. Aber allzu viele blieben im Moor stecken und versanken jämmerlich, während andere in der Hunte bei Gellenerhörne ertranken. Die Bremer waren vor Angst so gelähmt, dass eine einzige Bäuerin allein zwanzig Bremer gefangen nehmen konnte. Diese hatten sich in ihrem Backofen und im Schweinekoben versteckt.

An jenem Tag wurden über zweihundert Bremer erschlagen. Viele gerieten in Gefangenschaft und wurden nach Delmenhorst gebracht, aber gegen ein hohes Lösegeld wieder freigelassen. Zahlreiche Wagen mit den geplünderten Gütern und Lebensmitteln, darunter auch einige Geschütze, fielen in die Hände der Oldenburger.

Diesen Erfolg bei Paradies feierten die Sieger noch jahrelang als »Bremer Taufe«. Ein Mönch im Kloster Rastede schrieb darüber sogar ein Lied auf Latein.

Wenn Schiffe die Osenberge überqueren

Graf Gerhard der Mutige hatte Delmenhorst an den Bischof von Münster verloren. Dies ärgerte seinen Enkel, Graf Anton von Oldenburg, maßlos. Immer wieder hatten die Oldenburger mit Hilfe von Klagen und Gewalt versucht, Delmenhorst in ihren Besitz zu bringen. Ohne Erfolg. Die Münsterschen prahlten mit den Worten: »Eher würden Schiffe über die Osenberge fahren, als dass Delmenhorst wieder zu Oldenburg gelangt.«

Im Jahre 1547 schließlich rüstete Graf Anton ganz heimlich eine dreitausend Mann starke Truppe aus. In der Nacht vor Palmsonntag fuhren die Männer mit Leitern, kleinen Booten, Äxten und Beilen über die Osenberge nach Delmenhorst, wo sie noch vor Sonnenaufgang ankamen. Sie setzten auf den mitgebrachten Booten über den Burggraben, sägten die Holzzäune ab und ließen die Zugbrücke herunter.

Die Burgwache hörte zwar Sägegeräusche, dachte sich aber nichts dabei. Somit war der Weg in die Burg frei. Die Oldenburger Soldaten hatten leichtes Spiel mit den noch verbliebenen Verteidigern. Sofort wurde das Münstersche Wappen heruntergerissen und durch das Oldenburger ersetzt. Seitdem war Delmenhorst wieder mit Oldenburg vereint, sodass der Spruch der Münsterschen sich tatsächlich bewahrheitet hatte.

Was geblieben ist: Wenn man vor dem Oldenburger Schloss steht, sieht man vereint über dem Eingang des Schlosses das Oldenburger (links) und das Delmenhorster Wappen (rechts).

Wer hat den schönsten Titel?

Graf Gerd der Mutige hatten einen Bruder: Christian. Dieser wurde durch Einheirat König von Dänemark. Er hatte die Angewohnheit, seine Briefe – auch die an seinen Bruder – stets mit allen seinen neuen Titeln zu unterschreiben.

Graf Gerd, der alle Ortsnamen im Oldenburgischen kannte (u.a. die Bauerschaften Hemmelskamp, Helle und Paradies) unterzeichnete nun seinerseits seine Briefe an ihn mit: »Graf Gerd, Herr von Himmel, Hölle und Paradies«.

Graf Anton Günther

Graf Anton Günther ist der bekannteste Graf des Hauses Oldenburg, um den sich viele Geschichten und Anekdoten ranken. Hier eine Auswahl:

Kohmeß statt Perdemeß

Graf Johann, der Vater von Anton Günther, war zwar ein großer Deichbaumeister, hatte jedoch keine Ahnung von der lateinischen Sprache. Er ließ seinen Sohn von Privatlehrern unterrichten, u.a. auch in Latein. Eines Tages fragte er seinen Sohn: »Segg mal, min Son, wo heet denn en Graf up latinsk?«*

»COMES« antwortete sein Sohn. Graf Johann schüttelte seinen Kopf und meinte: »Kohmeß? Warum nicht Perdemeß?«, denn es wäre ihm passender erschienen, dass Graf mit einem edlen Pferd in Zusammenhang gebracht worden wäre statt mit einer unkriegerischen Kuh.

* »Sag mal, mein Sohn, wie heißt denn Graf in lateinischer Sprache?«

Kranich

Graf Anton Günther liebte die Pferde und war in Deutschland bekannt als der »Stallmeister des Heiligen Römischen Reiches.« Von allen Pferden aber liebte er seinen Apfelschimmel *Kranich* am meisten. Er hatte einen neun Ellen (ca. 4,50 Meter) langen Schweif und die Mähne war sieben Ellen (ca. 3,50 Meter) lang. Dieses Pferd hatte der Graf nicht auf einem seiner Güter großgezogen, sondern auf eine sonderbare Weise geschenkt bekommen.

Auf einer seiner vielen Reisen und Friedensbemühungen zwischen dem deutschen Kaiser und dem dänischen König während des Dreißigjährigen Krieges hatte er in einem kleinen Dorf in Schleswig-Holstein eine Übernachtungsmöglichkeit gesucht. Aber in dem einzigen Wirtshaus war jedes Bett belegt. Der Wirt sagte ihm, dass es in der Nähe ein halb verfallenes Schloss mit einem gut erhaltenen Zimmer gäbe, aber dort würde es spuken.

»Wollt Ihr es trotzdem wagen? Dann habt Ihr wenigstens ein Dach über dem Kopf.«

»Es wird meinen Kopf wohl nicht kosten«, meinte der Graf. »Ich will es wagen.«

Also zog er mit seinem Diener ins Schloss. Dort machte der Diener Feuer im Kamin an und bereitete das Abendbrot vor. Als sie danach beide am Tisch saßen und eine Flasche Wein tranken, klopfte es plötzlich an die Tür.

»Herein, der einen Kopf hat«, rief Anton Günther, so, wie er es immer machte. Da öffnete sich die Tür. Eine Gestalt stürmte wild in den Raum, geradewegs auf den Grafen zu. Anton Günther zögerte nicht lange, zückte seinen Degen und schlug auf die Gestalt ein, die sich mit lautem Schmerzensschrei wieder zurückzog. Der Graf verfolgte den wilden Kerl bis zum Keller des Schlosses, wo dieser eine schwere Tür öffnete. Auf einmal war der Graf von sechs Männern umringt, die ihn töten wollten.

Doch Graf Anton Günther sagte: »Fort mit Euren Waffen! Bedenkt, was Ihr tun wollt. Ich bin der Graf von Oldenburg. Mein Volk weiß, wo ich bin. Wenn ich nicht zurückkomme und Ihr mir etwas antun solltet, dann werden meine Leute das ganze Schloss abbrennen und Euch töten!«

Während sich die Männer berieten, guckte sich der Graf im Raum um und sah, dass er in einer Falschmünzerwerkstatt gelandet war.

Schließlich sagte einer der Männer: »Wenn Ihr nichts von dem verratet, was Euch geschehen ist und was Ihr hier im Keller gesehen habt, dann seid Ihr frei.« Graf Anton Günther versprach es und durfte tatsächlich gehen.

Einige Jahre später saß der Graf in Oldenburg an seinem Schreibtisch und arbeitete. Da klopfte es an der Tür: »Herein, wer einen Kopf hat!«, rief Anton Günther, so wie er es immer tat.

Leise öffnete sich die Tür und ein gut gekleideter Mann trat ins Zimmer.

»An diesen Worten erkenne ich Euch, Graf. Ihr habt damals im Schloss in Holstein versprochen, kein Wort von dem zu verraten, was Ihr gesehen habt. Ihr habt Euer Wort gehalten und deshalb sollt Ihr dafür entlohnt werden. Jeder im Deutschen Reich kennt Eure Vorlieben für schöne Pferde. Am Blauen Haus am Damm steht für Euch ein edles Pferd bereit, das Ihr von uns geschenkt bekommt. Es ist Eurer würdig.«

Mit diesen Worten verbeugte sich der Fremde und verschwand so leise, wie er gekommen war. Der Graf traute dem Mann zwar nicht, aber er schickte einen Diener zum Blauen Haus. Tatsächlich fand er das Pferd dort vor und brachte es zu seinem Grafen. Es war das schönste Pferd, das der Graf je in seinem Leben gesehen hatte. Er nannte es »Kranich«. Wenig später benutzte er dieses Pferd, um einen seiner schönsten Ritte durchzuführen: Als er nämlich Sophie von Schleswig-Holstein, sein Patenkind, als Braut heimführte.

Graf Anton Günther auf »Kranich« ist in der Oldenburger Öffentlichkeit wohlbekannt. Ein großformatiges Gemälde prangt an dem ehemaligen Hotel »Anton Günther« in der Kurwickstraße, und in Mosaikform kann man ihn an der Fassade der Graf Anton-Günther-Schule, dem Gymnasium des Landkreises Oldenburg, bewundern.
Eine Skulptur von ihm auf seinem Pferd »Kranich« steht auf dem Gelände einer Waschanlage in Oldenburg-Kreyenbrück. Die Replika dieser Skulptur steht auf einer Wiese zwischen dem Dorf Munderloh und Kirchhatten.
Ein Teil von Kranichs langer Mähne ist im Oldenburger Schloss ausgestellt, dem heutigen Landesmuseum für Kunst und Kulturgeschichte.

Frät'n up!

Zu Graf Anton Günthers Zeiten gab es den reichen und mächtigen Junker von Beverbäke. Dieser war dem Grafen ein Dorn im Auge, weil er ihm zu mächtig erschien. Daher fragte er seinen Hofnarren, wie man den Junker wohl kleinkriegen könnte. Der Narr war ein schlaues Kerlchen, überlegte kurz und sagte: »Frät'n up!«*

* Friss ihn auf!

Der Graf verstand aber nicht und machte ein ratloses Gesicht, bis ihm der Hofnarr seinen Plan erklärte. Zu der Zeit war es üblich, eine Einladung stets mit einer gleichwertigen Gegeneinladung zu beantworten. Also lud der Graf den Junker zu einem köstlichen und reichhaltigen Mahl ein.

Wie es sich gehörte, ließ sich auch der Junker nicht lumpen und lud den Grafen ebenfalls zu einem köstlichen Mahl ein. Diese gegenseitigen Einladungen gingen immer weiter und der Bewirtungsaufwand steigerte sich dermaßen, dass der Junker schließlich Schulden machen musste, um mithalten zu können. Diese Situation nutzte der Graf und kaufte dem Junker sein Gut ab.

Narren haben manchmal die besten Einfälle.

Die Osternburger Dreifaltigkeitskirche oder Holzschuhe unerwünscht

Früher gingen alle Osternburger zum Gottesdienst in die St. Lambertikirche. Es waren meist Handwerker und Torfbauern, die mit ihren Holzschuhen sehr viel Lärm machten, wenn sie die Kirche betraten. Dies gefiel dem Grafen gar nicht. Deshalb ließ er für sie im Jahre 1616 eine eigene Kirche errichten, die Dreifaltigkeitskirche.

Kostbare Stühle

Graf Anton Günther pflegte zu seinen Großbauern (damals Hausleute genannt) regelmäßige Kontakte, bei denen er dann auch zum Essen eingeladen wurde. Gelegentlich bewirtete er sie im Gegenzug auch mit einem Festessen auf seinem Schloss. Dort bogen sich dann die Tische unter reichlich Essen und Trinken.

Bei einem dieser Festmahle war auch der Bauer Bruns aus Wechloy zu Gast, der sich sehr interessiert das silberne Besteck, die detailliert geschnitzten Schränke und die vergoldeten Stühle besah. Der Graf bemerkte diese versonnenen Blicke und fragte Bauer Bruns, ob ihm dieses Mahl gefallen habe.

»Es hat mir gut gefallen, Euer Gnaden«, antwortete der Bauer, »ich kann Euch aber leider nicht so reichlich bewirten, wie Ihr es getan habt. Allerdings sind meine Stühle viel mehr wert als Eure.«

»Da bin aber gespannt«, meinte der Graf, denn er war davon überzeugt, dass dieser Bauer Bruns nur geprahlt hatte.

Einige Monate später plante der Graf seinen Besuch bei Bauer Bruns und gab ihm rechtzeitig Bescheid. Der Bauer ließ die Diele fegen, brachte das Vieh auf die Weide und ließ den Fußboden mit weißem Sand bestreuen. Auf der Diele wurde ein großer Tisch aus Eichenbohlen aufgestellt, Brot,

Butter und Schinken wurden aufgetischt. Auf der einen Seite des Tisches waren die Stühle für die Bauernfamilie, Knechte und Mägde, aber für den Grafen und sein Gefolge wurden besondere Sitzgelegenheiten geschaffen. Die Sitze bestanden aus zwei übereinander gelegten Säcken voller Korn, während die Lehnen aus zwei senkrecht gestellten Säcken gebaut wurden. Bunte Decken und Leinentücher verzierten die Säcke, so dass nicht zu erkennen war, woraus diese Sitzgelegenheiten gemacht waren.

Graf Anton Günther und sein Gefolge langten bei der Mahlzeit ordentlich zu. Schließlich konnte der Graf seine Neugier nicht mehr länger bezähmen. Er fragte den Bauern, was nun an den Stühlen kostbarer sein sollte.

Bauer Bruns schmunzelte und zog von dem Sack, auf dem der Graf gesessen hatte, die Decke weg, öffnete ihn und ließ das goldfarbene Korn in seine Hand gleiten.

»Seht hier, Euer Gnaden, Ihr habt auf einem meiner kostbarsten Stühle gesessen. Der ist sicherlich viel mehr wert als Euer ganzer höfischer Prunk.«

Das überraschte den Grafen sichtlich. Er beglückwünschte den Bauern zu seinem Sieg und verkündete: »Von nun an seid Ihr von allen Abgaben und Steuern befreit.«

Die Pastorei oder die Umsicht des Grafen

Als die Gegend um Jade zu Anton Günters Zeiten eingedeicht und entwässert worden war, wurde anschließend das neu gewonnene Land verteilt. Jeder Neusiedler sollte einen schmalen Streifen bekommen, der teils aus Moorland, teils aus Kleiboden bestand. Als die Pläne dem Grafen zur Genehmigung vorgelegt wurden, meinte er: »Lat ok'n Stripen for de Pastoor liggen.«*

So kam es, dass die Pfarrstelle dort den besten aller Böden bekam.

Der Umbau des Oldenburger Schlosses oder Bewahrheitung eines Fluchs

Beim Umbau der Oldenburger Wasserburg zu einem Schloss, das Graf Anton Günther nach seiner sogenannten »Kavalierstour«** errichten ließ, gab es Schwierigkeiten wegen des feuchten Untergrundes. Die Mauern brachen immer wieder in sich zusammen. Deshalb entrissen die Steinmetze einer vorbeigehenden Mutter ihr Kind und mauerten es bei lebendigem Leibe ein. Danach blieben die Ziegelwände tatsächlich stehen.

* Lasst auch einen Streifen Land für den Pastor übrig.

** Bildungsreise von jungen Adligen; im Englischen unter *grand tour* bekannt.

Die Mutter stieß folgenden Fluch aus: »Bis zum fünften Glied soll kein Kind, das auf dem Schloss geboren wird, seine Mutter kennenlernen!« Der Fluch könnte nur gelöst werden, wenn eine frisch verheiratete Landesfürstin mit einem Pferdegespann von sechs Schimmeln und einem Vorreiter ebenfalls auf einem Schimmel ins Schloss geholt werde.

Aus heutiger Sicht scheint es so zu sein, dass sich dieser Fluch über das Haus Oldenburg teilweise bewahrheitet hat, denn …

… Graf Anton Günther (1603 – 1667) durfte seine Geliebte Elisabeth von Ungnad nicht heiraten. Ihr gemeinsames Kind (Anton von Aldenburg) war also unehelich. Seine spätere Ehe mit Sofia Katharina blieb kinderlos.

… Herzog Peter Friedrich Ludwig (1755 – 1829) verlor seine 20-jährige Ehefrau nach der Geburt des dritten Kindes und

… seinem Sohn, Großherzog Paul Friedrich August (1783 – 1853), starben seine drei Ehefrauen im Alter von 20 bzw. 24 Jahren und 36 Jahren.

ABER: Als Großherzog Nikolaus Friedrich Peter (1827 – 1900) seine Ehefrau Elisabeth heiratete, wurden neun Schimmel (einer für den Vorreiter, acht für das Gespann) bereitgehalten, von denen jedoch kurz vor der Kutschfahrt zum Schloss drei des Gespannes erkrankten, sodass die Fahrt mit dunklen Pferden erfolgen musste. Bei ihm und seiner Frau hat sich der Fluch nicht erfüllt. Elisabeth bekam zwei Söhne und wurde 70 Jahre alt.

Seinem Sohn, Großherzog Friedrich August (1851 – 1931) hingegen, starb die erste Ehefrau im Alter von 38 Jahren, und seiner zweiten Ehefrau starben Zwillinge im Säuglingsalter.

Zwei Birnen

Großherzog Nikolaus Friedrich Peter (1853 – 1900) ging einmal über den Oldenburger Markt. Da beobachtete er eine Marktfrau, die zwei Birnen an ihrem Stand vor sich zu liegen hatte. Sie nahm eine in die Hand und schälte sie vor dem Verzehr.

Rasch trat er auf sie zu, griff die zweite Birne, biss kräftig hinein und sagte: »Leeve Fro! De schönen Bären mööt't Se nich erst schillen. De mööt't Se so äten!«*

* Liebe Frau, diese schönen Birnen müssen Sie nicht schälen. Die müssen Sie so essen!

Die Marktfrau erwiderte: »Ja, Herr Großherzog! Dat doo ik anners ok! Man vörhen is mi een van de beiden Bären in de Schiet fullen, un ick weet nich mehr, wecke dar wäsen is!«*

Das goldene Pflaster

Der Heilpraktiker Lanzius, 1776 in Jade geboren, genannt »Doktor Ellhorn«**, durfte seine Praxis nicht öffentlich ausüben.

Eines Tages erkrankte Großherzog Paul Friedrich August am Brand*** im rechten Bein. Das Fieber stieg und die Hofärzte wussten nicht mehr ein noch aus. Da machte ein Lakai auf Lanzius aufmerksam. Der Heilpraktiker kam an den Hof, besah sich den Fall und machte Wickel. Und tatsächlich, das Fieber sank, der Großherzog wurde wieder gesund. Zum Dank durfte Lanzius fortan seinen Beruf frei ausüben.

Auf die wiederholte Frage, mit welcher Medizin er den Großherzog denn geheilt hatte, ant-

* Das mach ich ja sonst auch. Aber vorhin ist mir eine der beiden Birnen in die Scheiße gefallen, und ich weiß nicht mehr, welche das gewesen ist.

** Holunder

*** Blutvergiftung

wortete er nach längerem Zögern: »Ik heff Umsläg maakt mit Karmelk und witten Törf.«*

In Wirklichkeit hatte er aber das »goldene Pflaster« angewendet: Wickel mit Kuhdung.

Schlagfertige Oldenburger

August Wilhelm Grube erwähnt in seinem Buch »Geografische Charakterbilder« den typischen Witz der Oldenburger, der sich zumeist in kurzen, treffenden Antworten zeigt. Hier nun ein paar Beispiele:

Großherzoglich Oldenburgische Eisenbahn

Vor über hundert Jahren wurde die Eisenbahnlinie von Bremen nach Oldenburg fertiggestellt und die Großherzoglich Oldenburgische Eisenbahn (GOE) gegründet. Da man damals noch viel Zeit hatte, die Züge auch nicht so schnell fuhren, wurde aus dem GOE im Volksmund »Ganz ohne Eile«. Und wenn dieser Ausdruck von einem oberschlauen Reisenden einmal in Gegenwart eines Bahnbeamten benutzt wurde, dann rief der

* Ich habe Wickel mit Buttermilch und weißem Torf gemacht.

zurück: »Großer Ochse einsteigen!« und schlug die Tür hinter ihm zu. Da hatte er nun sein Fett!

Der schlaue Moses

Wer vor 1883 von Bremen nach Oldenburg reiste, also bevor die Freien Hansestädte Bremen und Hamburg dem deutschen Zollgebiet beigetreten waren, der musste auf dem Bremer Bahnhof seine in der Hansestadt gemachten Einkäufe, wie z.B. Kognak, Tabak und Gewürze, sehr hoch verzollen.

Zu jener Zeit war das am Stau gelegene »Hotel de Russie« (später der Handelshof) das feinste Hotel in Oldenburg. Dort amtierte ein Mann als Hausdiener, der allgemein den Spitznamen »Moses« trug. Eines Tages wurde eben dieser Moses nach Bremen geschickt, um dort bei dem Wirt des am Bahnhof gelegenen »Hotel du Nord« echten Jamaika-Rum abzuholen. Auch sollte er möglichst den hohen Zoll sparen.

Zu diesem Zweck hatte der schlaue Moses einen kleinen Handkoffer mitgenommen und darin eine Katze »verstaut«. Auf die Frage des Zollbeamten »Wat is dar in?« hatte Moses wahrheitsgemäß geantwortet. Unter dem höhnischen Gelächter des Zollbeamten erhielt er den Befehl, sofort den Koffer zu öffnen. Die Katze kam mit einem großen Satz herausgesprungen und lief auf die Straße. Moses sauste hinterher.

Als er nach einer Weile zurückkehrte, den Koffer wieder fest verschlossen, verlangte der Zollbeamte nicht noch einmal, den Koffer zu öffnen, sondern ließ ihn ruhig passieren: »Na laat dat Beest nich wedder lopen!«*

Inzwischen hatte Moses aber statt der Katze seine Rum- und Whisky-Flaschen aus dem »Hotel du Nord« im Handkoffer untergebracht und kam so unverzollt in Oldenburg an.

Kuhfladen

Der französische Oberpräfekt von Kaversberg hielt bei einer feierlichen Zeremonie anlässlich der Besetzung Oldenburgs im Jahre 1811 in der Lambertikirche eine Rede, in der er auf die großen Heideflächen einging. Er pries die positive Entwicklung der Okkupation u.a. mit folgendem Satz:

»Die trockenen Heiden, die schrecklichen Wüsten, die noch immer die Hälfte ihres Bodens bedecken, werden wieder bewirtschaftet werden und sich bald in Wälder und Ernten (= Feldfrüchte) verwandeln.«

* Nun lass das Biest nicht wieder laufen!

Überliefert ist dazu die Stellungnahme des Bauern Dinklage aus Drielake: »Ja, Herr, laatens man veerundtwintig Stunnen Kohschiet regnen, denn schall sich dat anner woll finnen.«*

Hengste

Vor langer Zeit reiste eine Körungskommission in das Oldenburger Münsterland, um sich Hengste vorführen zu lassen. Wegen der schlechten Qualität der Hengste war die Kommission sehr enttäuscht und ließ ihrem Unmut freien Lauf, ohne zu bedenken, dass sich das damalige Münsterland kaum zur Pferdezucht eignete. Allerdings hatte die Kommission auch nichts dafür getan, die Zucht zu veredeln.

Ein Bauer unterbrach das Geschimpfe mit folgenden Worten: »Dem Übel kann bald abgeholfen werden, wenn der Großherzog statt der Herren der Kommission ebenso viele gute Hengste schicken würde«.

Folgende Geschichte von August Hinrichs passt zur Beobachtung von A.W. Grube über die Mundfaulheit der Oldenburger:

* Lassen Sie es 24 Stunden lang Kuhfladen regnen, und dann wird sich das andere wohl finden.

Schweigsamer Einkauf

Schweigen ist Gold. Aber nur wenige Menschen bringen es in dieser Kunst so weit wie der junge Bauer, der mit einem einzigen Laut nicht nur die ganze Stufenleiter seiner Empfindungen auszudrücken, sondern auch noch einen schwierigen Einkauf zu tätigen vermochte.

Dieser Laut, gelegen zwischen einem breiten »a« und einem tiefen »o«, gibt mit all seinen Möglichkeiten zugleich ein Beispiel von der wunderbaren Ausdrucksfähigkeit der plattdeutschen Sprache.

Jener junge Bauer trat eines Tages in die alte, gediegene Weinhandlung an der Haarenstraße und blieb stumm vor dem Tresen stehen. Nach einer Weile kletterte der Chef der Firma von seinem Hocker, ging gemächlich auf den jungen Mann zu und fragte wohlwollend: »Na – wat schallt denn wäsen?« (Na, was soll es denn sein?)

Der junge Mann sah prüfend über die langen Flaschenreihen auf den Borten und drückte seine Unentschlossenheit in einem langgezogenen »hao -?« aus.

Durch den langjährigen Umgang mit seiner Kundschaft erfahren, verstand der Kaufmann diese Antwort in ihrer vollen Bedeutung. Nun entspann sich zwischen ihnen folgendes Gespräch:

»Se wulln woll n' bäten Wein hebben?« (Sie wollen wohl etwas Wein haben?)

»Hao!« (Kurz und bejahend.)

»Witten oder roden?« (Weißen oder roten?)

»Hao?« (Zweifelnd.)

»Schull dat förn Kranken wäsen?« (Soll das für einen Kranken sein?)

»Hao.« (Verneinend.)

»Denn willt Se wolln bäten fiern?« (Dann wollen sie wohl ein bisschen feiern?)

»Hao!« (So ist es!.)

»Geburtsdah? Kinddöp? Hochtid?« (Geburtstag, Kindtaufe, Hochzeit?)

»Hao.« (Fröhliche Zustimmung)

»Denn willt Se woll von beide Soorten wat hebben?«(Dann wollen Sie wohl von beiden Sorten etwas haben?)

»Hao!«

»Hebbt Se an je tein Buddel genog?« (Reichen denn je zehn Flaschen?)

»Hao-?« (Das langt nicht.)

»Oder je twintig?« (Oder je zwanzig?)

»Hao –?« (Langt auch noch nicht.)

»Seggt wi mal dartig!« (Sagen wir mal dreißig?)

»Hao!« (Die Zahl steht also fest.)

»Un wat draff he kosten?« (Und was darf er kosten?)

»Hao –« (Das kommt nicht darauf an.)

»Eene Mark foftig?« (Eine Mark fünfzig?)

»Hao –« (Viel zu billig.)

»Twee Mark?«

»Hao.« (Auch noch zu billig.)

»Drei Mark?«

»Hao!« (Kräftig zustimmend, über den Preis ist man sich also einig.)

»Uk noch söten Wein für die Froenslü?« (Auch noch süßen Wein für die Frauen?)

»Hao-!« (Der darf nicht fehlen!)

»Sind tein Buddel genog?« (Sind zehn Flaschen genug?)

»Hao -« (Das wird wohl langen.)

»Dat weert denn woll all.« (Das wäre denn wohl alles.)

»Hao-?« (Es scheint noch etwas zu fehlen.)

»Denn möt dor woll noch'n bäten Hullmannschen bi, wat?« (Dann muss da wohl noch ein bisschen Hullmannkorn dabei sein, nicht wahr?)

»Hao!« (Das ist schon das Richtige.)

»Fief Buddel?« (Fünf Flaschen?)

»Hao-?« (Das ist wohl zu wenig.)

»Na, seggt wi tein?« (Na, sagen wir zehn?)

»Hao!« (So ist alles in schönster Ordnung.)

Schweigend stellt der Kaufmann die Rechnung aus, schweigend legt der Kunde ein paar Hundertmarkscheine auf den Tisch und steckt sich den Rest, ohne erst nachzuzählen, wieder ein. Er weiß, er ist in einem ehrlichen Geschäft.

»Wo kriegt Se denn Kram nu mit?«, fragt der Kaufmann. (Wie kriegen Sie den Kram denn nun mit?)

Ein gleichmütiges »Hao-« belehrt ihn, dass das keine Schwierigkeiten macht.

»Hebbt Se wolln Wagen buten?« (Haben Sie wohl einen Wagen draußen?)

»Hao!«

»Uk n'bäten Stroh mit?« (Auch ein bisschen Stroh dabei?)

»Hao!«

»Na, dann könt wi jo upladen.« (Na, denn können wir ja aufladen.)

»Hao!«

In gemeinsamer Arbeit wird alles auf dem Leiterwagen verstaut, dann klettert der junge Mann auf den Kutschbock, froh und zufrieden über den wohlgelungenen Einkauf.

»Na – denn fiern Se man duchtig!«, ruft ihm der Kaufmann zu. (Na, denn feiern Sie man tüchtig!)

»Hao-!« kommt es mit glücklichem Lachen zurück, und der Wagen mit der kostbaren Fracht rollt davon.

Der schlagfertige Jandierk

Die Milchversorgung der Stadt, die früher von den Landleuten aus der Umgebung mittels Handwagen und Schubkarren bestritten wurde, erhielt einen gewaltigen Aufschwung, als Molkereibesitzer Rüdebusch sich ein Pferdefuhrwerk anschaffte. Von da an fuhr an jedem Morgen ein leuchtend gelber Wagen durch die Stadt, an dem in Großbuchstaben außer dem Namen Rüdebusch alle Molkereierzeugnisse verzeichnet waren, wie »Frische Milch«, »Buttermilch«, »Tafelbutter«, »Schlagsahne« usw.

Der alte Jandierk, der den Wagen führte, läutete an jeder Straßenecke und zapfte dann gewissenhaft die verschiedenen Milchtöpfe voll, die ihm hingehalten wurden, ohne sich je aus der Ruhe bringen zu lassen.

Eines Tages hielt ihm Frau Schlachtermeister Piepers ihren Milchtroog hin und sagte: »Twee Liter Bottermelk – ick will vandagen Bottermelkschillgassen kaken.«*

Aber Jandiek winkte ab: »Bottermelk hebbt wi nich.«**

* Zwei Liter Buttermilch – ich will heute Buttermilchgraupen kochen.

** Buttermilch haben wir nicht.

»Wat? De hebbt ji nich?«, rief Frau Piepers entrüstet, »dat steiht doch grot und breet an, denn mutt dor uk wecke in wäsen!«*

»Dor steiht väl an«, erklärte Jandierk seelenruhig, »dor steiht uk Rüdebusch an, un de sitt dor uk nich in.«**

Das ist Oldenburger Logik.

»Aber Dr. Meyer nich!«

Im 19. Jahrhundert war in Brake ein sehr tüchtiger und als menschenfreundlich bekannter Arzt namens Dr. Meyer tätig. Eines Tages wurde er zu einer Bauersfrau in die Marsch gerufen, die zu dem Kreis derer gehörte, die zu sagen pflegten: »Ick bün de Buur, de annern sünd blot lüttje Lü.«***

Da Dr. Meyer noch einen anderen schwerkranken Patienten in der Stadt zu behandeln hatte, verspätete er sich. Als er dann endlich bei dem Marschbauernhof eintraf, fuhr ihn die Frau barsch

* Das steht doch groß und breit da, dann muss da auch welche drin sein!

** Da steht viel dran. Da steht auch Rüdebusch dran, und der sitzt da auch nicht drin.

*** Ich bin die Bauersfrau, die anderen sind bloß kleine Leute.

an. Das verbat er sich – höflich, aber bestimmt, worauf die Frau zurückgab:

»Och wat! För Geld kann 'm den Düwel danzen sehn!«*

»Aber Dr. Meyer nich!«, war seine Antwort. Dann empfahl er sich.

Die Redensart »Aber Dr. Meyer nich!« war früher im ganzen Oldenburger Land für ein Verweigern gebräuchlich.

Harte Schädel

Die Bauern der oldenburgischen Wesermarsch sind nicht nur durch ihre hervorragenden Erfolge in der Viehzucht, sondern auch durch die Zähigkeit bekannt, mit der sie als Nachfahren der alten Stedinger Freiheitskämpfer an ererbten Rechten und Freiheiten festhalten.

Zu einer Zeit großen Mangels an Arbeitskräften, als für Geld und gute Worte kein Mensch auf dem Lande mehr dienen wollte, trat hier ein neuer Amtshauptmann sein Regiment an. Dieser glaubte, durch umfassende Reformen seine Tüchtigkeit beweisen zu müssen. Leider hatten die

* Ach was! Für Geld kann man den Teufel tanzen sehen!

Bauern eine andere Auffassung von der Nützlichkeit solcher Reformen, so dass es zu einer harten Machtprobe kam.

Die Bauern, deren Wortführer der große Hengstzüchter Heike Herkens war, beharrten eisern auf ihrem Standpunkt, der Amtshauptmann noch eiserner auf dem seinen. Er wollte zeigen, dass er einen noch härteren Dickschädel als seine Bauern hatte. Endlich schlug er mit der Faust auf den Tisch und schrie ihnen wütend die schreckliche Drohung ins Gesicht: »Wenn je nich anners willt, denn smiet ick jo eenfach denn ganzen Kram för de Föt!«*

Worauf der alte Heike Herkens gelassen bemerkte: »Dat weer ok nich so slimm – 'n nee'n Amtshauptmann kriegt wi all lichter wedder at'n litjen Knecht!«**

Diese nicht anzuzweifelnde Wahrheit belehrte den Amtshauptmann, dass die Härte seines eigenen Schädels der Härte eines Stedinger Bauernschädels dann doch nicht gewachsen war.

* Wenn ihr es nicht anders wollt, dann schmeiß ich euch einfach den ganzen Kram vor die Füße.

** Das wäre auch nicht so schlimm – einen neuen Amtshauptmann kriegen wir viel leichter wieder als einen kleinen Knecht.

Mutige und gewitzte Frauen

Buttler Anna

Bei Graf Anton Günther diente einst eine Magd namens Anna. Sie war sehr geschickt und fleißig. Am Ende ihrer Dienstzeit schenkte ihr der Graf einen Bauernhof in der Nähe von Buttel, den sie sehr erfolgreich bewirtschaftete. Bald war sie unter dem Namen Buttler Anna bekannt.

Als der Graf eines Tages eine Inspektionsreise auch nach Buttel machte, fiel ihm der schlechte Zustand des Butteler Weges auf, zu dessen Instandhaltung Anna verpflichtet war, und der Graf machte ihr deshalb Vorwürfe. Daraufhin nahm Anna einen Erdklumpen und warf ihn mit folgenden Worten gegen seine gräfliche Kutsche: »Wenn Ihr so auf diesen Wegen herumfahrt, um die Leute zum Narren zu halten, seid Ihr ein schlechter Graf!«

Der Graf entgegnete: »Wer so spricht, hat kein Recht mehr einen solchen Hof zu führen. Du wirst hier sofort wieder ausziehen!«

Da bekam Anna nun Gewissensbisse und sie bat den Grafen, ein letztes Mal die Felder bestellen und auf den Ertrag warten zu dürfen, bevor sie den Hof verließ. Der Graf lenkte ein und bewilligte ihr die Aussaat.

Die schlaue Buttler Anna aber säte Bucheckern und Eicheln und sah der Ernte ruhig entgegen. Damit hatte sie den Grafen überlistet und konnte ihren Hof behalten. Auch die Pflege ihres Weges gab nie wieder Anlass zu Beanstandungen.

Die unerschrockene Magd vom Wildenloh

Im Wildenloh stand vor vielen Jahren ein großes Bauernhaus, von dem heute nur noch Reste vorhanden sind, so z.B. die Mauer eines Brunnens. Die Bewohner dieses Hauses waren einst auf einer Hochzeit in Jeddeloh und hatten ihre Magd allein zu Hause gelassen. Davon hatte eine in der Gegend ihr Unwesen treibende Räuberbande erfahren und so beschlossen die sieben Brüder, die Abwesenheit des Hausherrn auszunutzen. Am Abend ging die Räuberbande zum Bauernhaus, fand aber alles verriegelt vor. Daher begannen sie, an der Seite des Hauses unter dem Längsbalken der Hauswand ein Loch zu buddeln. Die wachsame Magd hatte aber die Räuber bemerkt und deren Plan durchschaut. Sie setzte sich, bewaffnet mit einem scharfen Torfspaten, dahin, wo die Räuber wühlten.

Als das Loch endlich so groß war, dass einer der Räuber den Kopf durchstecken konnte, um in das Haus zu gelangen, stach ihm die Magd schnell den Kopf ab und zog den Rumpf zu sich.

»Bist du gut hineingekommen?«, hörte sie die anderen von draußen fragen.

Da erwiderte sie mit verstellter Stimme: »Ja!«

So ereilte einen nach dem anderen dasselbe Schicksal. Als der siebte seinen Kopf hindurchstecken wollte, fühlte er plötzlich warmes Blut an seinen Händen. Schnell zog er den Kopf zurück, aber dennoch gelang es der Magd, wenigstens ein Stück von der Kopfhaut samt Haaren abzustechen.

Der Räuber verband seine Wunde und ging ebenfalls zur Hochzeit nach Jeddeloh, wo er sich unter die Gäste mischte und mitfeierte. In betrunkenem Zustand fühlte er sich übermütig und rief laut:

»Hohoho hohoho,
die Magd von Wildenloh
hat den siebten nicht erwischt«!

Nach Jahren kam ein fein gekleideter Herr zu dem Bauern im Wildenloh und wollte seine Magd heiraten. Er wurde ausführlich nach Herkunft und seinen finanziellen Verhältnissen gefragt. Da diese Auskünfte zur Zufriedenheit ausfielen, stand einer Heirat nichts im Wege, und da die Magd sowieso die Stelle wechseln wollte, stimmte sie zu.

Nach einigen Tagen kam der Bräutigam auf einer Kutsche zum Bauernhof, lud das Gepäck der Magd darauf und fuhr mit ihr über das Moor davon. Nach mehreren Stunden Fahrt erkundigte sich die Braut, ob sie nicht bald zu seinem Hause kämen. Da legte er seinen Kopf auf ihren Schoß und forderte sie auf, seinen Kopf zu kraulen. Sie tat ihm den Gefallen und merkte sofort, dass dies der Räuber war, den sie verwundet, aber nicht getötet hatte. Daraufhin verstellte er sich nicht mehr und erzählte ihr, dass er sie geholt habe, um den Tod seiner sechs Brüder und seine eigene Wunde an ihr zu rächen.

Kurz darauf erreichten die beiden das Haus des Räubers, wo seine Mutter sie schon erwartete. Auf einem Feuer hatte sie einen großen Kessel voll Öl erhitzt, in welchem sie die Gefangene kochen wollten. Der Räuber brachte die Magd ins Haus und führte sie zu einem großen Block, wo er sie mit dem Beil enthaupten wollte.

Die Magd tat so, als ob sie sich in ihr Schicksal fügte, bat jedoch den Räuber ihr zu helfen. Sie wollte ihr schönes neues Kleid ausziehen, damit es nicht vom Blut befleckt würde. Dem Räuber leuchtete dies ein, und er machte sich daran, das Kleid zu öffnen. Da ergriff sie schnell das Beil und traf den Räuber tödlich. Nun kam die Mutter mit einer Axt auf sie zugelaufen, aber auch sie wurde von der Magd erschlagen.

Die Magd ließ alles hinter sich und sprang rasch auf den Wagen. Im Galopp zu fuhr sie zurück zum Bauernhaus im Wildenloh. Schon aus der Ferne sah sie ihren Dienstherren vor dem Hause stehen und rief ihm, sich hoch aufrichtend, laut zu:

Hohoho, hohoho
die Magd vom Wildenloh,
die hat den siebten auch erwischt.

Die kluge Frau des Junkers oder »Eier in die Pann«

Im Kirchspiel Edewecht gab es früher sechs Edelleute: zu Jeddeloh, zu Aschwege, zu Bünting, von Borchers, Jüchter und Bunjes. Diese Junker sollten das Kirchspiel gegen die Münsterschen verteidigen, die nämlich nicht selten über das Moor ins Ammerland herüberkamen, um zu plündern und zu brandschatzen. Besonders die Böseler, die am nächsten wohnten, waren gefährlich.

Einst war der Junker zu Jeddeloh mit seinen beiden Knappen, von denen einer aus Vegesack stammte, nach Edewecht zur Kirche unterwegs und hatte seine Frau allein Zuhause gelassen. Plötzlich erschienen die Böseler in Jeddeloh und überfielen das Haus. Die Frau des Junkers war aber eine kluge Frau und sagte zu den Böselern: »Ich sehe wohl, dass ich in Eurer Macht bin. Was kann ich als einzelne Frau gegen so viele Männer ausrichten? Deshalb ist es am besten, ich gebe alles her, was ich habe. Aber zuerst will ich euch zu essen und trinken anbieten.«

Dann holte sie herbei, was im Haus vorhanden war, und bereitete den Böselern eine ordentliche Mahlzeit zu. Während sie geschäftig die Feinde bediente, die von dem langen und ermüdenden Marsch sehr hungrig geworden waren, trug sie deren Gewehre, die zerstreut hier und da angelehnt waren, nacheinander zusammen, als ob sie im Wege ständen, und stellte sie an die Innenseite der Kellertür.

Als sie dort alle Waffen beisammenhatte, stieß sie wie zufällig an die Kellertür. Sämtliche Gewehre purzelten die Kellertreppe hinab, die Tür fiel gleichfalls zu und der Riegel sprang ein.

»Na, dann muss ich doch gleich den Schlüssel holen«, beruhigte sie ihre Gäste und fuhr fort, sie zu bedienen. Während es sich die Münsterschen schmecken ließen, ging sie erst ruhig in die Stube, sprang dann aber in aller Eile aus dem Fenster und lief so schnell sie konnte nach Edewecht, um den Überfall zu melden.

Dort waren gerade sämtliche Edelleute und Knappen beim Gottesdienst. Umgehend ritten sie zurück nach Jeddeloh. Das Haus wurde umzingelt, und die Feinde, die sich kaum wehren konnten, weil sie keine Waffen hatten, wurden bis auf den letzten Mann niedergemacht.

Nur ein junger Böseler, der fast noch ein Knabe war, konnte sich über das Moor zu einem Bach retten und versteckte sich dort im Gebüsch. Er wurde jedoch von dem Vegesacker Knappen verfolgt und schließlich entdeckt. Der Böseler flehte den Knappen an, er möge ihm doch sein junges Leben lassen. Er hätte den Menschen im Ammerland noch nie ein Leid zugefügt, wäre zum ersten Mal mitgezogen und wollte sich nie wieder an einem Überfall beteiligen.

Aber der Vegesacker Knappe kannte keine Gnade. Er stellte sich vor, was dieser Junge wohl als Erwachsener tun würde, wenn er als Kind bereits das Überfallen und Plündern gelernt hatte. So sagte er: »Ach watt, Eier in die Pann, so kamt kien Küken van!«* und tötete ihn.

* Ach was, Eier in die Pfanne, dann gibt's keine Küken mehr!«

Dieser plattdeutsche Spruch ist noch heute zu sehen, eingeritzt in einem Holzbalken eines Bauernhauses in Jeddeloh I.

Die pfiffige Wirtin

Während des Dreißigjährigen Krieges hatte Graf Mansfeld mit seiner Armee Ostfriesland besetzt. Ab und zu machten die »Mansfelder« auch Ausfälle in die benachbarten Dörfer, plünderten dort die Häuser und entführten manche wohlhabenden Männer, um ein Lösegeld von den Familien zu erpressen. Während eines Ausfalls kamen einmal zwei seiner Landsknechte ins Saterland und kehrten, bewaffnet mit ihren Steinschlossgewehren, in Meyers Wirtshaus in Klein Scharrel ein. Das ganze Wirtshaus war voller Leute, die dort ihr Bier tranken. Als diese nun die Soldaten kommen sahen, schlichen sie einer nach dem anderen aus dem Haus, sodass der Wirt Meyers Hinrich und seine Frau Berta ganz allein mit den beiden Soldaten waren.

Die Mansfelder hatten großen Durst und tranken viel Bier, das damals aus zinnernen Kannen getrunken wurde. Diese Kannen waren oben etwas enger als unten und wurden Klippen genannt. Das Bier, das von den Meyers gebraut wurde, schmeckte den Mansfeldern vorzüglich, und so tranken sie mehr, als sie eigentlich wollten.

Jedes Mal, wenn die Wirtin aus dem Verschlag, wo das Bierfass stand, mehr Bier holte, schraubte sie heimlich einen Feuerstein von den Steinschlossgewehren ab und machte sie damit unbrauchbar. Die Soldaten hatten sie in der Nähe des Verschlags abgestellt, wo das Bier gelagert wurde.

Zu ihrem Mann sagte sie auf Saterfriesisch, das die Soldaten ja nicht verstanden: »Ik sgruwe elkemal, wann ik bjor halje, un stän von't ror, wäs man ni bong!«*

Als sie alle Steine abgeschraubt hatte, sagte zu ihrem Mann: »Hinnerk, ik hebbe se de o!«**

Bevor die Mansfelder nun aufbrachen, sagte einer von ihnen mit einer etwas lallenden Stimme: »Prost Hinrich, noch einen letzten Schluck aus der Klippe, und dann brechen wir auf. Mach dich bereit mitzugehen!« Hinrich nahm noch einen tiefen Schluck und schlug dann mit der Klippe den beiden Soldaten so an den Kopf, dass sie zu Boden stürzten. Allerdings standen sie gleich wieder auf, griffen zu ihren Gewehren und wollten schießen,

* Jedes Mal, wenn ich Bier hole, schraube ich einen Feuerstein aus dem Gewehr. – Hab keine Angst!

** Ich habe sie alle.

aber es machte nur »klick, klick«. Kein Schuss fiel. Hinrich ergriff einen Dreschflegel und schrie: »Wer sich bewegt, ist des Todes!« Die Soldaten merkten, dass sie nichts machen konnten, und ließen sich gefangen nehmen.

Als die weggeschlichenen Gäste schließlich merkten, dass Hinrich Herr der Lage war, kamen sie alle wieder ins Haus und wollten helfen. Hinrich sagte nur: »Ihr Angsthasen! Jetzt, wo alles vorbei ist, brauche ich eure Hilfe nicht mehr. Ihr könnt euch alle bei Berta bedanken! Aber wartet: Ihr könnt mir helfen, diese beiden Soldaten zum Gericht nach Cloppenburg zu bringen!«

Das taten sie dann auch. Niemand weiß jedoch, was aus den Mansfeldern geworden ist. Es heißt einerseits, dass sie geköpft wurden und andererseits, dass sie die Richter bestochen haben und freigelassen wurden.

Die Gertrudenlinde auf dem Gertrudenkirchhof in Oldenburg

Vor langer Zeit lebte in Oldenburg ein reicher Kaufmann namens Neuenburg, dessen Sohn Oltmann es an nichts fehlte außer einer Frau, denn er war sehr wählerisch. Eines Tages bewarb sich bei der Familie ein junges Waisenmädchen namens Gerlinde um eine Stellung als Hausangestellte. Sie war rechtschaffen, fleißig, sah gut aus und gewann schnell das Wohlwollen von Oltmanns Eltern. Nach einiger Zeit bemerkte Gerlinde, dass der Kaufmannssohn ein Auge auf sie geworfen hatte. Sie wollte jedoch nichts mit ihm zu tun haben und wies ihn immer wieder ab.

Das konnte Oltmann nicht vertragen und eines Abends kam er betrunken nach Hause, ging in Gerlindes Zimmer und versuchte sie zu vergewaltigen. Da sie laut um Hilfe schrie, ließ er schließlich von ihr ab. Durch ihre Abweisung wurde er immer hasserfüllter, sodass er beschloss, sich an dem Mädchen zu rächen. Heimlich nahm er sechs silberne Löffel seiner Eltern und versteckte sie unter den Habseligkeiten des Mädchens.

Bei der nächsten großen Festgesellschaft wurde schließlich bemerkt, dass einige der silbernen Löffel fehlten, und überall im Haus wurde nach ihnen gesucht. Nun meinte Oltmann, man müsse auch das Zimmer des Mädchens durchsuchen. Gerlinde ließ es guten Gewissens geschehen und war entsetzt, als die Löffel bei ihren Sachen gefunden wurden.

Sie wurde des Diebstahls für schuldig befunden und zum Tode verurteilt. Auf dem Weg zur Richtstätte am heutigen »*Stillen Weg*«, der damals weit vor der Stadt lag, hob Gerlinde einen dürren Lindenzweig vom Boden auf und nahm ihn mit. An der Gertrudenkapelle steckte sie diesen Zweig verkehrt herum in die Erde und sprach: »So wahr wie dieser Zweig ausschlagen und zu einem mächtigen Baum wachsen wird, so wahr bin ich unschuldig.«

Dann wurde sie hingerichtet. Aus dem Zweig wuchs mit der Zeit eine mächtige Linde. Oltmann, der das Mädchen ja an den Galgen gebracht hatte, bekam auf seinem Sterbebett Gewissensbisse, gab seine Lüge zu und sagte: »Oh, ewich iss so lanck.«*

* Ewig ist so lang.

Dieser Satz ist noch heute an dem linken Pfeiler beim Eingang zum Gertrudenkirchhof zu lesen. Laut Pastor Dr. Hennings (St. Lambertikirche) stammt dieser Spruch jedoch aus einem niederländischen Kirchenlied. Die in der Geschichte beschriebene Linde wurde wahrscheinlich beim Bau der Gertrudenkapelle um 1480 gepflanzt und stand dort bis 1934. Sie musste dann gefällt werden, ist aber inzwischen durch einen Ableger dieser Linde ersetzt worden.

Der letzte Junker von der Bodenburg

Die Bodenburg in Eversten war lange Zeit im Besitz einer adeligen Familie. Der letzte Junker war länger in der Fremde gewesen, hatte nicht geheiratet und keine direkten Nachkommen. Also waren auch keine Erben vorhanden. Seine Schwester hatte einen armen Adeligen in Oldenburg geheiratet, und im Laufe der Zeit hatte sich das Ehepaar tief verschuldet. Fast täglich kamen die Gläubiger ins Haus und verlangten ihr Geld zurück. Die Schwester vertröstete sie mit dem Hinweis, dass ihr Bruder alt sei und bald sterben werde. Dann könnte sie mit ihrem Erbe alle Schulden begleichen.

Von diesem Vorhaben erfuhr der alte Junker, der über die Schulden seines Schwagers und seiner

Schwester sehr ungehalten war. Er beschloss, mit seinem Notar ein neues Testament aufzusetzen. Darin verfügte er, dass sein ganzes Vermögen den Armen in Oldenburg zugutekommen sollte.

Als er gestorben war, kam die Schwester in sein Haus, um es in Besitz zu nehmen, da sie nichts von dem neuen Testament wusste. Aber in einer geheimen Schublade, von der der Notar Kenntnis hatte, wurde das neu abgefasste Testament gefunden. Die Schwester musste unverrichteter Dinge mit leeren Taschen abziehen, das Haus wurde verkauft und mit dem Erlös wurden die Armen unterstützt.

Mittlerweile steht auf dem Gelände ein Seniorenheim. So ging der Wunsch des Junkers letztendlich in Erfüllung.

Das Spökenkerlshus in Rastede

Einst wohnte an der Rasteder Chaussee ein dem Alkohol sehr zugeneigter Musiker namens Oltmann Eilers. Wenn er betrunken war, lief er stets zu Hochform auf, und es entwickelte sich folgendes Ritual: Immer wenn er von einer Veranstaltung nach Hause kam, musste seine Frau schon vor der Tür auf ihn warten, damit er problemlos eintreten konnte. Drinnen spielte er die Geige zunächst nur für sich selbst, tanzte auch dazu und rief dabei: »Hier tanz' ich wie ein Held!«

Seine Frau musste zusehen und sagen: »Hier tanzt ein Held.« Nach einiger Zeit hat er dann mit seiner Frau zusammen getanzt und dabei laut gesungen.

Die Rasteder aber haben dies für einen Spuk gehalten und im Dunklen stets einen großen Bogen um das Haus, das seitdem Spökenkerlshus hieß, gemacht.

Die »Hohen Herren vom Hohen Weg« oder Hochmut kommt vor dem Fall

Dort, wo heute bei Ebbe eine Sandbank an der Wesermündung zu sehen ist (zwischen Butjadingen und der Vogelinsel Mellum), war vor langer Zeit noch Festland, der Hohe Weg. Dieses Land gehörte zum Ort Langwarden. Es war sehr fruchtbar und die Bewohner, die »Hohen Herren vom Hohen Weg« (so wurden sie genannt), waren sehr reich. Es hieß, dass sie ihre Pferde mit goldenen Hufeisen beschlugen und die Äcker mit silbernen Pflugscharen bestellten. Man sagte auch, ihre Fußböden bestünden aus mit Mehl durchsetztem Sand. Das Siel, mit dessen Hilfe sie das

Land entwässerten, bestand nicht aus Holz oder Stein, sondern aus Kupfer.

Doch nach vielen Sturmfluten ist dieses Land längst untergegangen, und keiner weiß mehr, wo sich dieses Siel befunden hat. Noch heute ist bei gutem Wetter oft ein Brausen und Rauschen zu hören, und man sagt, dass dies das Geräusch des Wassers ist, das durch das Siel rauscht. Nach diesem Brausen tritt dann stets eine Wetterverschlechterung ein.

Die Bewohner dieses fruchtbaren Landstrichs hatten große Macht in Langwarden. So durfte der Pastor nicht eher mit seinem Gottesdienst beginnen, bis die »Hohen Herren vom Hohen Weg« eingetroffen waren. Der im westlichen Teil der Langwarder Kirche liegende Raum, in dem das Kirchen- und Begräbnisgerät aufbewahrt wurde, diente zu der Zeit als Pferdestall für die »Hohen Herren«. Dort fraßen ihre Pferde aus steinernen Krippen. Als es einst ein Prediger gewagt hatte, vor der Ankunft der »Hohen Herren« den Gottesdienst zu beginnen, musste er diesen Frevel mit seinem Leben büßen. Er wurde auf der Kanzel erschossen.

Überhaupt waren diese »Herren vom Hohen Weg« übermütige und gottlose Leute. Eines Tages legten sie ein totes Schwein mit Frauenkleidern ins Bett und ließen dann den Prediger holen. Sie sagten ihm, dort im Bett liege eine todkranke Frau und er solle ihr das Abendmahl geben. Als der Pastor diesen Frevel sah, sandte er ein Stoßgebet zu Gott, in dem er ihn bat, diesem gottlosen Treiben Einhalt zu gebieten. In der nächsten Nacht erschien ihm Gott im Traum und verkündete, dass alsbald eine große Sturmflut komme, die das Land vernichten würde. Als Zeichen, dass dieses Ereignis eintrete, werde ein frischer glatter Aal aus dem Backofen des Pastors herauskriechen.

Ein paar Tage später waren Leute des Pastors beim Brotbacken. Ein Knecht heizte den Backofen an und gerade, als er die Brote hineinschieben wollte, sah er voller Schrecken, wie sich ein frischer glatter Aal vom hinteren Ende des Backofens zur Öffnung schlängelte.

Sofort lief der Knecht zum Pastor ins Haus und erzählte ihm dieses Wunder. Dieser zögerte nicht lange und befahl, alles liegen zu lassen und die Pferde anzuspannen. Kaum saßen alle auf den Wagen, da hörten sie schon die Meereswogen heranrauschen. Mit Mühe und Not, ringsum schon von Wasser umgeben, gelang es dem Pastor und seinen Leuten, einen Hügel bei Tossens zu erreichen. Auf diesem waren sie vor den anstürmenden Fluten in Sicherheit. Dieser Hügel heißt seitdem die Burgenburg, weil er sie geborgen hat. Heute trägt in Tossens eine Straße diesen Namen.

Nach der Sturmflut war von dem gesegneten, fruchtbaren Land der »Hohen Herren« nichts mehr zu sehen außer der Sandbank. So hat sich das Sprichwort »Hochmut kommt vor dem Fall« bewahrheitet.

Auf der Sandbank steht seit vielen Jahren ein Seezeichen, das die Schiffe vor der Untiefe warnt. Dieses Seezeichen ist inzwischen durch einen Leuchtturm ersetzt worden.

Maria von Jever

Von dem Schloss in Jever führten zahlreiche unterirdische Gänge in benachbarte Ortschaften wie Upjever, Marienhausen usw. In einem dieser Gänge, und zwar nach Upjever, soll Fräulein Maria, Herrin des Jeverlandes, verschwunden sein. Doch bevor sie verschwand, befahl sie, jeden Abend die Glocken zu läuten, bis sie wieder zurückkomme. Im Sommer wurden die Glocken um zehn, im Winter um neun Uhr abends geläutet.

Das geschah jeden Abend, bis die Franzosen kamen. Um sie nicht auf die Stadt aufmerksam zu machen, befahl der Bürgermeister, das

Läuten einzustellen. Aber die Glocken begannen von allein zu läuten. So konnten die Franzosen zwar die Stadt besetzen, doch das Läuten konnten sie nicht abschaffen. Die Glocken fingen wieder von selbst an zu läuten. Dieser geheimnisvollen Macht Marias hatten die Franzosen nichts entgegenzusetzen.

Einige Jahre später hat man versucht, diese unterirdischen Gänge zu erforschen, aber jeder Eindringling ist dabei erstickt. Nur einer ist an eine Tür gekommen. Nachdem er sie geöffnet hatte, sah er eine brennende Kerze auf einem Tisch, unter dem ihn ein großer schwarzer Hund mit feurigen Augen ansah. Er kehrte sofort wieder um.

Nach diesem Vorfall wurden die Gänge zugemauert, weil es zu gefährlich schien, noch einmal hineinzugehen. Man sagt jedoch, dass die brennende Kerze der Beweis dafür ist, dass Fräulein Maria noch lebt und einmal wiederkommen wird.

Die Braut von Fikensholt

Um die lange Feindschaft zwischen den Junkern von Fikensholt und Wittenheim zu beenden, entschloss sich eines Tages der Junker von Fikensholt, die Tochter des Junkers von Wittenheim zu heiraten. Gesagt, getan. Der Junker von Wittenheim war mit der Heirat einverstanden. Als sich nun am Hochzeitstag die Braut mit ihrem Gefolge dem Schloss näherte, fiel ihr auf, dass Türen und Fenster offenstanden und eine große Verwirrung unter dem Schlosspersonal herrschte. Nur der Kammerdiener des Junkers empfing sie an der Zugbrücke, die zum Schloss führte, und überreichte ihr eine kostbare Perlenkette auf einem Samtkissen.

»Du bringst Perlen? Perlen bedeuten Tränen. Was ist denn geschehen?« Der Kammerdiener blieb stumm und führte sie in ein Schlafzimmer, wo der Junker tot auf seinem Bett lag. Die Haushälterin des Junkers hatte ihn aus Eifersucht vergiftet.

Die Braut brach in Tränen aus und rief klagend: »Ach, wäre ich doch nicht zu spät gekommen!«.

Voller Schmerz kehrte sie in ihr Elternhaus zurück.

Noch heute sagt man in der Umgebung, wenn jemand zu spät kommt: »He kummt to laat as die Brut von Fikensholt.« (»Er kommt so spät wie die Braut von Fikensholt.«)

Bis 1982 hing im Herrenhaus von Fikensholt ein Ölgemälde, auf dem zu sehen ist, wie der Kammerdiener der Braut von Fikensholt das Perlengeschmeide überreicht. Neuere Forschungen haben jedoch ergeben, dass das Bild nicht die Tochter des Junkers von Wittenheim zeigt, sondern Charlotte Amélie de la Trémoille, die zweite Frau des unehelichen Sohns Graf Anton Günthers, des Reichsgrafen Anton von Aldenburg.

Ohmstede und Schellstede

Vor langer, langer Zeit lebten in Ohmstede neunzehn Bauern, die das gesamte Land bis hin nach Nadorst bewirtschafteten. Sie waren sehr darauf bedacht, dass sich dort keine *Köter* (Kleinbauern) ansiedelten. Eines Tages kam ein Schäfer namens Schellstede aus dem Münsterland und baute sich eine kleine Hütte und einen Schafskoben abseits des Dorfes. Seine Schafe aber ließ er auf dem Gebiet der Ohmsteder Bauern weiden. Die Bauern rissen seine Hütte ein und vertrieben ihn mehrere Male. Doch er kehrte stets zurück und baute seine Hütte wieder auf. Schließlich sagten sie zu ihm, wenn er eine Tonne Bier ausgeben würde, dann würden sie ihn dort siedeln lassen und ihm so viel Land geben, wie er bräuchte.

Als die Bauern ausgetrunken hatten, gingen sie mit ihm auf das Feld und steckten seinen zukünftigen Besitz mit Stöcken ab. Sie waren großzügig, denn sie hatten ja genug Land. Allerdings verboten sie ihm, in der Nähe des Dorfes zu bauen. Deshalb liegt Schellstedes Stelle oder »die Schellstede« auch abseits der anderen Häuser des Dorfes. Später wurde die Schellstede einer der größten Bauernhöfe in Ohmstede.

Die heutige Straße »Schellstede« in Oldenburg-Ohmstede ist nach dieser Bauernfamilie benannt worden.

Wie Ganderkesee zu einer Kirche kam

Eine Gräfin von Delmenhorst lag auf dem Sterbebett und rief ihre drei Töchter zu sich. Sie übergab ihnen zehn Diamanten, von denen neun gleich aussahen, nur der zehnte war größer als die anderen und sah aus wie ein Auge. Sie bat die Töchter, sich untereinander zu einigen, da sie die Zuteilung nicht selbst vornehmen wollte, um keine zu bevorzugen.

Die Töchter gelobten voller Schmerz im Angesicht des nahenden Todes ihrer Mutter, dass sie sich einigen würden und jede versprach, dass sie der jeweils anderen diesen besonderen Edelstein überlassen würde. So konnte die Gräfin in Frieden sterben.

Die Zeit verging und niemand erwähnte die Diamanten, bis die Töchter schließlich ein Andenken ihrer verstorbenen Mutter besitzen wollten, so begannen sie mit der Aufteilung. Die neun etwa gleichgroßen Diamanten zu verteilen, war kein Problem. Erst als es um den zehnten, etwas größeren Diamanten ging, brach ein Streit unter den Schwestern aus. Die Älteste meinte, dass ihr der Stein zustand, da sie die älteste der Schwestern war. Die Mittlere wollte den Stein haben, weil sie den gleichen Vornamen wie ihre Mutter hatte, und die Jüngste war der Ansicht, dass der Stein ihr gehören sollte, da sie die Lieblingstochter ihrer Mutter gewesen war. Die Schwestern, die sich bisher immer gut verstanden hatten, gerieten in einen großen Streit.

Alle Bemühungen des Vaters, den Zwist beizulegen, hatten keinen Erfolg, und deshalb nahm er den zehnten Stein an sich – keine der Schwestern sollte diesen Stein bekommen. Aber auch das brachte keinen Frieden, denn nun warfen sich die Töchter gegenseitig vor, um den Diamanten betrogen worden zu sein.

Da sie nun ihr Gelübde nicht einhielten, das sie vor den Augen ihrer Mutter gegeben hatten, erschien allnächtlich der Geist der Verstorbenen und klagte bitterlich vor dem Fenster des Grafen.

Der bekümmerte Witwer wusste jedoch kein Mittel, wie er die zerstrittenen Schwestern zur Eintracht bringen und seiner verstorbenen Gattin ihre Ruhe wiedergeben könnte, bis eines Tages ein Pilger bei ihm einkehrte. Der Alte gab ihm den Rat, den Diamanten in einer Kirche einzumauern, die dort gebaut werden sollte, wo sich ein Ganter niederließ, der vom Schloss aus losflog.

Der Graf befolgte diesen Rat. Da sich der Ganter in Ganderkesee niederließ, wurde dort die Kirche gebaut und der Diamant unter großer Geheimhaltung in einer Mauer eingelassen. Seit dieser Zeit vertrugen sich die Schwestern wieder, und die Mutter konnte ruhig in ihrem Grabe bleiben.

Dieser Ganter könnte etwas mit der Namensgebung des Ortes Ganderkesee zu tun haben. Sicher ist es nicht.

Wedekinds Bekehrung in Wildeshausen

Im Jahre 786 feierte Karl der Große mit seinen Offizieren das Osterfest in Visbek. Dorthin kam Wedekind (auch Widukind genannt), der sein Lager in der Nähe von Wildeshausen hatte, als Bettler verkleidet, um Karl den Großen zu töten

– trotz des Risikos, selbst getötet zu werden. Er traf gerade zu der Zeit ein, als Karl mit seinen Offizieren beim Abendmahl war. Daher schlich er sich vor die Kirchentür, um ihn beim Ausgang mit seinem Dolch zu ermorden, den er in seinen Kleidern verborgen hielt. Wedekind hatte Karl zwar nie in Wirklichkeit gesehen, doch er nahm an, dass derjenige, der den Bettlern vor der Kirchentür das größte Almosen gab, wohl der Kaiser sein müsse.

Neugierig spähte er durch die halb geöffnete Tür in die Kirche und sah, wie der Priester ein kleines Kind aus einem schönen Gefäß herausnahm und den Kriegern reichte. Ihm lief ein wohliger Schauer über den Rücken, denn das Kind war von einem strahlenden Glanz umgeben, sodass Wedekind fast geblendet war. Er sah wie das kleine, schöne Kind von einem Offizier zum anderen gereicht wurde und es immer freudig die Hände ausbreitete, als es weitergereicht wurde. Bei einem Offizier jedoch verzog es das Gesicht, sträubte sich, in dessen Arme zu gelangen, ließ es aber später doch zu. Wedekind sah genau, wie sich das Antlitz des Kindes, das sonst so liebevoll aussah, verdüsterte.

Wedekind war auf einmal völlig verwandelt. Statt den Kaiser zu töten, dachte er darüber nach, wie er Christ werden könnte. Als Karl nun mit seinem Gefolge aus der Kirche heraustrat, lief er zu ihm und rief mit lauter Stimme. »Karl, ich bin Wedekind und ich wollte dich ermorden!« Er warf seinen Dolch weg und verkündete: »Verzeih mir! Auch ich will Christ werden!«

Wedekind erzählte ihm, was er soeben gesehen hatte, und dass das schöne Kind sich vor dem einen Offizier gesträubt und sich sein sonst liebevolles Gesicht in ein zorniges Gesicht verwandelt hatte. Er zeigte Karl diesen Offizier. Dieser wurde von Karl zur Rede gestellt und bekannte, dass er ohne Bekehrung zum Abendmahl gegangen war.

Wedekind beriet nun mit Karl, wie er es anstellen könnte, Christ zu werden, denn seine Mannen würden das nicht verstehen und ihn töten. Beide kamen zu der Übereinkunft, dass Wedekind seine Sachsen zu einer Schlacht gegen Karl führen, aber sie so schlecht leiten sollte, dass sie die Schlacht verlieren würden.

Wedekind ging zurück nach Wildeshausen und zog mit seinem Heer nach Visbek, um die Franken dort zu überfallen, wie er seinen Leuten sagte. Karl war ihm schon mit seinem Heer entgegengezogen, und es kam zu einer mörderischen Schlacht in der Nähe von Endel. Doch so schlecht Wedekind seine Kämpfer auch führte, Karl konnte sie nicht besiegen; sie kämpften mit der Kraft der Verzweifelten.

Karl verlor viele kampferprobte Offiziere und Ritter und musste sich zurückziehen. Zum Andenken an diesen Sieg stellten die Sachsen viele große Steine als Denkmäler auf, unter denen sie die Asche der Gefallenen beisetzten. – Karl zog sich hinter Visbek zurück. Später kam es zu einer zweiten Schlacht auf der Kiebitzheide, südlich von Visbek. Schon bei seinem ersten Angriff flohen Karls Soldaten, und Wedekind hatte Mühe, seine wütenden Kämpfer zurückzuhalten. Karl zog sich mit seinen Mannen auf verschlungenen Pfaden durch die Moore zurück nach Diepholz, wo es zu einer dritten Schlacht kam. Wieder konnte Wedekind, ungeachtet seiner schlechten Führung, nicht verhindern, dass seine Kämpfer siegten. In einem entscheidenden Augenblick warf Wedekind seine Arme zum Himmel empor und rief laut: »Sancte Hülfe, Sancte Hülfe!«*

Als dies seine Krieger sahen und hörten, wussten sie nicht, was das bedeuten sollte. Es entstand eine große Verwirrung unter ihnen, und ein sicher geglaubter Sieg wurde zu einer empfindlichen Niederlage. Wedekind wurde gefangengenommen, ließ sich taufen und wurde ein Christ. An der Stelle, an der Wedekind diesen Ausruf getan

* Heiliger hilf, Heiliger hilf!

hatte, wurde zum Andenken eine Kapelle mit dem Namen »Sankt Hülpe« errichtet.

Sankt Hülfe ist heute ein Ortsteil von Diepholz.

Sagen über den Teufel

In den alten Sagen des Christentums kommt der Teufel in vielerlei Gestalt vor. Er wird unter anderem beschrieben als großer schwarzer Hund, bockbeinig, mit Pferdehufen, einem schwarzen Schwanz und auch mit Hörnern. Außerdem ist er sehr listig und kann sich in andere Personen verwandeln.

Wie der Teufel Oldenburg vernichten wollte

Als die Oldenburger ihre erste Kirche bauen wollten, wurde der Teufel sehr zornig und beschloss, die Stadt zu vernichten. Eines Nachts griff er zwischen Elmendorf und Zwischenahn ein großes Stück Wald, mit dem er Oldenburg zerstören wollte.

Dieser Wald war schwer, und er konnte damit nicht so schnell weiterfliegen. Er musste sich beeilen, denn die Zerstörung musste in der Nacht geschehen, weil er beim dritten morgendlichen

Hahnenschrei seine Macht und damit seine Kraft verlieren würde. Auf dem langen Flug nach Oldenburg hörte er dann auf einmal einen weißen Hahn schreien.

Witte Hahn witt,
Ick acht die en Schitt
Un wiek di kein Schritt.*

Schnell flog er weiter. Nach einer Weile bemerkte er den ersten rötlichen Streifen des Morgenrots am Horizont und hörte unter sich einen roten Hahn krähen:

Rode Hahn rot,
du treets mi up den Fot.
Wat makst du mi för Not!**

Er erschrak sich sehr und ließ einen Teil des schweren Waldes fallen, um schneller an sein Ziel zu gelangen. Daraus wurde der kleine Wildenloh.

Nach kurzer Zeit jedoch wurde es schon immer heller und der erste Sonnenstrahl fiel auf die Erde. Just zu diesem Zeitpunkt krähte ein schwarzer Hahn. Der dritte Hahnenschrei lautete:

* Etwa: Weißer Hahn weiß, Ich beachte dich keinen Scheiß, Und weiche um keinen Preis.

** Etwa: Roter Hahn rot, Du trittst mir auf den Fuß. Was bringst du mich in Not!

Swarte Han swart,
du dreppst mi in't Hart.
Oh, wo mi dat smart![*]

Der Tag war angebrochen und sein Plan gescheitert. Enttäuscht ließ er den Rest des Waldes fallen. Daraus wurde der große Wildenloh.

Das große Loch, das durch das Herausreißen des Waldes entstanden war, füllte sich nun allmählich mit Wasser. Das ist das Zwischenahner Meer.

Seitdem wurde Oldenburg nie wieder vom Teufel gestört.

Wer kann den Teufel eher besiegen?

Früher dachten die Leute, dass ein Kreis, den man um sich zieht, böse Geister oder den Teufel fernhalten kann.

Einst stritten sich ein katholischer Priester und ein protestantischer Pastor, welche Religion die stärkere sei, und deswegen auch besser Geister fern-

* Etwa: Schwarzer Hahn schwarz, Du triffst mich in mein Herz. Oh, wie mich das schmerzt!

halten könne. Man holte also den Sprengespiel*, stellte ihn in die Tischmitte und die beiden Geistlichen setzten sich so, dass der Sprengespiel zwischen ihnen war.

Sofort nahm dieser die Gestalt eines Hundes an, der mit glühenden Augen die beiden Geistlichen anstierte. Der Priester steckte seinen rechten Arm bis zu den Schultern in den Hals des Hundes. Das ließ sich der Hund teilnahmslos gefallen, und der Priester zog seinen Arm unversehrt wieder heraus.

Als danach der Pastor versuchte, seinen Arm in den Hals des Hundes zu stecken, schnappte er sofort zu, und der Pastor zog seinen Arm schleunigst zurück. Damit war bewiesen, dass ein katholischer Priester mehr Macht über Teufel und Geister hat als ein evangelischer Pfarrer. Seitdem gehen viele evangelische Bürger zu einem Priester, falls sie von Geistern geheilt werden wollen.

* Der Name eines ehemaligen Obersten im Dreißigjährigen Krieg, der zu einem Helfer des Teufels wurde.

Der Teufel und die wahre Liebe

Vor langer Zeit gab es einmal einen jungen Mann, der eine Braut hatte, die er sehr liebte. Als er jedoch bei ihren Eltern um ihre Hand anhielt, wurde er barsch zurückgewiesen, weil er kein Vermögen in die Ehe einbringen konnte. Also machte er sich traurig auf den Weg nach Hause. Unterwegs traf er einen Mann, allem Anschein nach ein älterer Soldat, den er zuvor noch nie gesehen hatte. Der sprach ihn an, weil er so traurig aussah und fragte, ob ihm vielleicht etwas Schlimmes passiert sei. Doch der Jüngling war sehr einsilbig und wollte nicht so richtig mit der Sprache heraus. Da wurde jener etwas direkter und sagte: »So sage doch nur, was dir fehlt. Ich bin weitgereist, habe viel gelernt und kann dir vielleicht helfen.«

»Ach«, antwortete der junge Mann, »wenn du auch vieles kannst, helfen kannst du mir nicht.«

Aber der Soldat beharrte darauf, dass er ihm vielleicht ja doch helfen oder zumindest einen Rat geben könnte.

Da öffnete der Jüngling sein Herz und erzählte von seiner Braut, die er sehr liebte und die ihn ebenfalls sehr liebte, dass ihn aber die Eltern abgewiesen hätten, als er um ihre Hand anhielt. Er hätte nicht genug Vermögen. »Nun weißt du es«, rief er, »aber wie solltest du mir helfen können.«

»Wenn es weiter nichts ist«, antwortete der Soldat, »dann kann ich dir wohl helfen. Innerhalb von drei Tagen wird die Braut schon zu dir kommen und dich bitten, sie zu heiraten. Auch ihre Eltern werden dich bitten.«

»Das ist wohl kaum möglich«, meinte der Jüngling. »Aber ich würde alles darum geben, wenn das geschieht, denn ohne das Mädchen will ich nicht länger leben.«

»So versprich mir, dass du nie wieder in die Kirche gehen und kein Sakrament mehr empfangen wirst, nachdem du das Mädchen geheiratet hast.«

Der Jüngling war sehr in das Mädchen verliebt und gelobte, sein Versprechen zu halten.

Das wollte der Fremde schriftlich haben und zog ein Papier hervor, auf dem die Worte schon geschrieben standen. Weil er aber keine Tinte dabeihatte, musste sich der junge Mann mit einer Nadel in den Finger stechen und mit seinem Blut unterschreiben. Daraufhin verließ ihn der Soldat, und der Jüngling ging nachdenklich nach Hause. Je länger er über diesen Vorfall nachdachte, desto mehr wurde ihm bewusst, dass er einen Vertrag mit dem Teufel geschlossen hatte. Die folgende Nacht verbrachte er schlaflos in seinem Bett.

Bereits am nächsten Tag kam kurz nach Sonnenaufgang ein Bote zu ihm, der einen Brief seiner

Braut dabeihatte, in dem sie ihn bat, doch möglichst heute zu ihr zu kommen. Auch ihre Eltern hatten ihm geschrieben und so machte er sich sofort auf den Weg. Es tat ihnen leid, dass sie seinen Antrag abgewiesen hatten und wollten so schnell wie möglich Hochzeit feiern. Gern willigte er ein, und die Geschichte mit dem Teufel war in der großen Freude alsbald vergessen.

Als aber nach der Hochzeit der erste Sonntag kam, und er die Kirchentür öffnen wollte, fiel ihm sein Versprechen plötzlich wieder ein. Er fuhr zusammen und blieb stehen.

»Was ist mit dir?«, fragte ihn seine Frau.

»Ich habe das Gesangbuch vergessen und laufe schnell zurück, um es zu holen.« So half er sich dieses Mal aus seiner Not, indem er nicht wiederkam.

An den folgenden Sonntagen hatte er bald diese, bald jene Entschuldigung parat und so dauerte es nicht lange, bis es Gerede in der Gemeinde gab. Auch seine Frau hatte schon länger bemerkt, dass etwas mit ihm nicht stimmte und wollte der Sache auf den Grund gehen. Als nun der nächste Sonntag kam, lud sie ihn liebevoll ein, sie auf ihrem Kirchgang zu begleiten.

Zunächst fand er die Ausrede, dass er anderswo hinmüsse, aber dem zärtlichen Bitten seiner Frau konnte er nicht widerstehen. Er dachte jedoch: »Vor der Kirchentür ist es immer noch Zeit, umzukehren. Ich muss nur etwas vergessen und dann zurückgehen, um es zu holen.«

Aber seine Frau hatte dieses Verhalten vorhergesehen und alles doppelt dabei, was er jedoch nicht wusste. Als sie nun vor der Kirchentür angekommen waren, sagte er: »Oh, ich habe mein Gesangbuch vergessen, ich laufe geschwind nach Hause und hole es.«

»Nein«, sagte seine Frau, »ich habe eines für dich dabei.« Und gab es ihm.

Er sah nun keinen Ausweg mehr und fing an zu weinen.

»Ich darf nicht in die Kirche«, sagte er und ging traurig zurück nach Hause.

Da begann auch seine Frau bitterlich zu weinen und klagte dem Priester ihr Leid. Der wollte ihr helfen, meinte aber, dass ihr Mann wahrscheinlich mit dem Teufel im Bunde stehe, worauf die Frau ganz betrübt nach Hause ging.

Als sie ankam, saß er mit trauriger Miene in seinem Sessel. Sie fiel ihm ihm weinend um den Hals und fragte ihn, was denn los sei. Da konnte er sein Geheimnis nicht länger für sich behalten und offenbarte ihr die ganze Geschichte.

»Ich wusste doch, dass etwas nicht stimmt«, sagte sie, »komm mit mir zum Priester. Du musst ihm alles erzählen.«

Der Priester erfuhr, wozu der Mann sich hatte verführen lassen, und schickte ihn zur Buße zum Papst nach Rom. Der wusste, was zu tun war.

»Ich bringe dich an einen Ort, an dem du drei Tage und drei Nächte verbringen musst, ohne etwas zu essen oder zu trinken. Auch darfst du deinen Platz nicht verlassen, egal was passiert. Komm!«, sagte der Papst zu dem Mann, der gern einwilligte und versprach, der Aufforderung treu zu folgen.

So brachte das Kirchenoberhaupt den Sünder an einen Ort, der äußerst klein war und kaum Platz zum Sitzen bot.

»Lasse dich weder erschrecken noch täuschen. In genau drei Tagen komme ich wieder und hole dich persönlich von hier ab«, sagte der Papst und wiederholte noch einmal seine Warnung, dass er sich unbedingt an die Anweisungen halten müsse, bevor er ging.

An dem Abend fühlte sich der Mann ziemlich allein und er fürchtete sich sehr. Als es ganz dunkel war, kam der Teufel und sprach ihn freundlich an: »Wie hast du dich so betrügen lassen. Komm zu mir, denn was der Papst gesagt hat, sind lauter Lügen. Er kann dir gar nicht helfen.«

Doch der Mann weigerte sich, worauf ihm der Teufel seinen mit Blut unterschriebenen Vertrag vor die Nase hielt.

»Nimm diesen Vertrag. Wenn du so traurig und verdrießlich bist, tust du mir leid und ich will dich wieder freigeben. Ich habe an dir kein Interesse mehr. Komm nur und lass dir vom Papst nicht noch mehr Geschichten aufbinden.«

Da der Mann aber standhaft blieb und sich nicht bewegte, wurde der Teufel plötzlich ganz wütend.

»Wenn du es nicht im Guten willst, dann werde ich es dir zeigen!«

Er holte einen großen Baum, mit dem er ihn auf den Kopf schlagen wollte, doch der Mann saß ganz ruhig da und bewegte sich nicht. So oft der Teufel es auch versuchte, er konnte den Mann nicht treffen. Dann brachte der Teufel einen großen Haufen brennender Dornen, die er neben ihm aufschichtete. Der Sünder erschrak, blieb jedoch still an seinem Ort. Auch die Dornen konnten ihn nicht erreichen. Als nächstes kam der Teufel mit einer glühenden Stange, die er ihm in die Brust stoßen wollte. Aber alles war vergeblich, denn der Mann wich nicht von der Stelle. Zuletzt erschien ein schreckliches Raubtier, das ihn zerfleischen wollte … und so quälte ihn der Teufel die ganze Nacht. Doch weil er standhaft blieb und sich nicht bewegte, nahm er keinen Schaden.

Als ihm der Papst am nächsten Morgen einen Besuch abstattete, sah er das bleiche Gesicht des Mannes und ermunterte ihn, weiterhin geduldig auszuharren. Während des Tages rief ihn der Teufel mehrere Male in Gestalt eines Bekannten, ließ ihn aber sonst in Ruhe. Als es wieder Abend wurde, begann die Quälerei von Neuem, und so war es auch in der dritten Nacht bis Mitternacht. Da verließ ihn der Teufel und sagte: »Nun ist alles für mich verloren.«

Der Mann war jetzt froh und zuversichtlich. Der Papst wollte um sechs Uhr am Morgen zu ihm kommen, und bald war es so weit. Er zählte die Stunden, bis um Viertel vor sechs der Papst mit seinen Kirchendienern in einer feierlichen Prozession mit Fahnen daherkam. Geradewegs schritt er auf den Mann zu, gab ihm die Hand und sprach: »Mein lieber Bruder, nun komm heraus. Der Teufel hat seine Macht über dich verloren. Wir wollen jetzt in die Kirche gehen und ein Dankgebet sprechen.« Schon wollte der Mann aufspringen, als er sah, dass die Fahnen keine Kreuze trugen, und er blieb sitzen. Da musste der als Papst verkleidete Teufel nun vollständig von ihm ablassen.

Glockenschlag sechs kam der echte Papst und reichte ihm zwei Finger, die er berühren sollte. Doch der Teufel stand neben ihm, und der Mann fürchtete sich. Da sagte der Papst: »Fürchte dich nicht, sondern folge mir!«

Aber als der Mann sich erhob, hängte sich der Teufel bei ihm ein und musste erst zurückbleiben, als sie die Kirche betraten. Er warf dem Mann den Vertrag hinterher. Nun war er wieder frei, denn er hatte alle Prüfungen und Versuchungen überstanden. Überglücklich und stolz kehrte er nach Hause zurück und lebte noch viele Jahre glücklich und zufrieden mit seiner geliebten Frau zusammen.

Wiedergänger

Unter Wiedergängern (auch Widergänger) versteht man Menschen, die zwar gestorben sind, aber dann wieder ins Leben zurückkehren.

»Besonders heimlich begangene Vergehen und Missetaten, welche zu Lebzeiten nicht abgegolten waren, gaben verstärkt Anlass zur Wiederkehr, wobei zwei Arten des Wiedergehens unterschieden werden müssen. So konnte es sich einerseits um eine »Strafe« auf bestimmte Zeit handeln, bei der allerdings die Möglichkeit der Erlösung bestand. Bei einer zeitlich unbegrenzten Wiederkehr andererseits waren nur noch die unliebsamen Mittel der Verbannung erfolgreich«*

Die böse Sieben in Hatten

Bis zum Jahre 1845 stand in Kirchhatten ein altes Haus, das sich Graf Anton Günther (1583 – 1667) als Jagdhütte hatte bauen lassen. Nach seinem Tod wurde es an Privatleute verkauft. Den Bauern der Umgebung war dieses Haus nicht ganz geheuer,

* aus: Annett Stülzebach: Vampir- und Wiedergängererscheinungen aus volkskundlicher und archäologischer Sicht. In: Concilium medii aevi. Band 1, 1998, S. 97–121.

denn es sah so anders aus als die anderen in der Gegend: Es hatte zwei Stockwerke, einen französischen Garten, ein Wirtschaftsgebäude und im Inneren gab es gobelinbedeckte Wände und dunkle Gänge. Es passte nicht hierher.

Ende des 17. Jahrhunderts erwarb der Urgroßvater des letzten Besitzers das Haus, der eine erfolgreiche Karriere in der Verwaltung hinter sich hatte: Vom einfachen sächsischen Gerichtsschreiber hatte er es bis zum Notar gebracht und war zuletzt Amtsvogt in Hatten gewesen. Die Grafschaft Oldenburg stand zu jener Zeit unter dänischer Verwaltung. Nach einem ereignisreichen Leben wollte er sich mit seiner Frau in Hatten zur Ruhe setzen und seinen Lebensabend genießen. Daraus wurde jedoch nichts, denn wenn man den Kommentaren der Hatter Bauern trauen darf, war seine Frau eine »böse Sieben«*, die niemandem etwas gönnte und jedem, der ihr nahetrat, das Leben durch Geiz und Hochmut sauer machte, auch ihrem Ehemann. Er litt sehr darunter und starb alsbald. Sie zog in ein anderes Haus nebenan. Nun wurde ihr Geiz noch schlimmer und man vermutete, dass sie Schätze angehäuft und in ihrem Haus versteckt hatte.

* Synonym für eine zanksüchtige Frau.

Als sie schließlich starb, fand man jedoch weder Gold noch Silber. Im Dorfe wurde gemunkelt, dass sie auf ihrem Sterbebett nach dem Pastor gerufen und sich ihm anvertraut hatte. Sie konnte ihm gerade noch zuflüstern: »Up minen Gründen, up minen Gründen.«*

Die Leute vermuteten, dass sich zwischen den beiden Häusern ein unterirdischer Gang befand, der sie miteinander verband und in dem die Schätze verborgen sein sollten. Später hat einer ihrer Nachkommen nach diesem Gang gegraben und ihn auch entdeckt. Allerdings war er mit einer Tür verschlossen, an der ein Blatt Pergament befestigt war. Es belegte jeden mit einem furchtbaren Fluch, der versuchen sollte, diese Tür zu öffnen. Vor lauter Angst hat sie tatsächlich niemand geöffnet.

Die Verstorbene allerdings konnte keine Ruhe finden, nachts zog sie in rauschenden Gewändern durch den unterirdischen Gang und die Korridore des alten Grafenhauses.

Bei den Dorfbewohnern war der Glaube an die Existenz des Schatzes sehr tief verankert. Nachts gruben sie im Hof, selbst dort, wo er gepflastert war, und brachen auch in das Haus ein, um darin

* Auf meinem Grund, auf meinem Grund.

zu suchen. Als schließlich beide Häuser zum Verkauf standen, wunderte man sich über die hohen Gebote – sicher rechneten die Käufer damit, noch so manchen Schatz zu finden.

Mittlerweile sind die Häuser abgerissen. Schätze wurden dabei nicht gefunden.

Kaufmann Muhle und sein schlechtes Gewissen
Vor vielen Jahren lebte in der Achternstraße in Oldenburg ein Kaufmann namens Muhle. Einer seiner Arbeiter bekam eines Tages einen Brief aus Holland und da der Mann nicht lesen konnte, bat er seinen Herrn, ihm diesen Brief vorzulesen. Darin stand, dass ihm eine Erbschaft von drei Tonnen Gold zugefallen war. Doch Muhle sagte seinem Arbeiter, dass es nur 600 Taler seien, und erbot sich noch dazu, das Geld für ihn in Empfang zu nehmen. Dazu müsste er ihm nur eine Vollmacht unterschreiben.

So geschah es. Der Arbeiter gab Kaufmann Muhle die Vollmacht, der ihm seine 600 Taler auszahlte, und Muhle behielt den Rest. Als der Kaufmann nun gestorben war, ließ ihm der Betrug im Grab keine Ruhe. Bei Nacht und bei Tag ging sein Geist als Wiedergänger im Haus umher, sodass es die Bewohner nicht aushalten konnten, denn er ließ ihnen keine ruhige Minute.

Schließlich wurden katholische Priester aus Vechta geholt. Die nahmen den Geist zwischen sich auf einen Pferdewagen und fuhren mit ihm zum Wildenloh. Dort setzten sie ihn ab und befahlen ihm, die Heide zu zählen. Damit ist er wohl immer noch beschäftigt, denn seitdem ward sein Geist nicht mehr gesehen.

Die Mörderhand

Eines Abends kehrte ein Strumpfhändler in ein Wirtshaus ein, dessen Wirt in der Gegend als sehr geldgierig bekannt war. Es war ein anstrengender Tag gewesen, sodass der Kaufmann gleich nach dem reichhaltigen Abendessen vor dem Herdfeuer einschlief. Sein Kopf war etwas nach hinten gefallen und sein Mund stand weit geöffnet.

Auch der Teufel wusste von der Habgier des Wirts und gab ihm einen Hinweis, wie er den Strumpfhändler am besten töten könnte, ohne dass der Verdacht auf ihn fiel. Er riet dem Wirt, kochend heißen Brei in den offenstehenden Schlund des schlafenden Kaufmannes zu gießen.

Obwohl die Todesursache tatsächlich unentdeckt blieb, wurde doch der Wirt verdächtigt. Und um sich reinzuwaschen, schwur er schließlich vor Gericht, dass er mit dem Mord nichts zu tun hätte.

Selbst auf dem Totenbett, als man ihn ein weiteres Mal befragte, beteuerte er seine Unschuld am Tod des Strumpfhändlers und prahlte: »Wenn ich der Mörder bin, dann werde ich bis zum jüngsten Tag schreien.« Daraufhin starb er.

Seither erschien in seinem Haus allnächtlich ein fliegendes Untier, das die Hausbewohner mit lauten Schreien erschreckte und belästigte. Zwar konnte ein katholischer Priester dieses Untier bändigen, aber noch immer zeigte sich jede Nacht eine Hand auf der Hille.* Es war dieselbe Hand, mit der der Wirt damals den Meineid vor Gericht geschworen hatte. Und sooft man diese Hand auch wegbrachte und begrub: Sie kam immer wieder.

Der Diebstahl der Kriegskasse

Während des Siebenjährigen Krieges musste ein Bauer aus Emstek Spanndienste leisten und Waren mit seinem Pferdefuhrwerk transportieren. Frühmorgens machte er sich auf den Weg zu der Scheune, wo die Kisten und Kästen, Säcke und

* Dem Zwischenboden über dem Vieh in den alten Bauernhäusern, wo zumeist die Knechte schliefen.

Tuchballen lagerten. Dabei wurde er von zwei Wachleuten begleitet.

Nachdem der Bauer schwer geschuftet hatte, um die Ladung auf seinem Wagen zu verstauen, machten sie sich auf den Rückweg zu seinem Bauernhof. Während der Fahrt lauschte der Bauer dem Gespräch der Soldaten und erfuhr auf diese Weise, dass er auch die Kriegskasse transportierte. Sie war in einem bestimmten Tuchballen versteckt. Dieses Wissen brachte ihn sehr zum Nachdenken, und er überlegte fieberhaft, wie er die Kriegskasse wohl stehlen könnte. Als sie gegen Abend eine Furt durchqueren mussten, ließ er den Packen mit der Kriegskasse unbemerkt von den Wachen ins Wasser gleiten.

Gleich am nächsten Morgen kam er mit seinem Knecht zurück zu der Furt, holte das Paket aus dem Wasser und brachte es zu seinem Hof, wo er es im Brunnen versteckte. Denn er befürchtete, dass die Soldaten nach der Kriegskasse suchen würden. Und tatsächlich, schon am nächsten Tag kamen die beiden Soldaten und fragten nach dem Packen mit der Kriegskasse.

Doch der Bauer tat so, als wüsste er von nichts. So zogen die Soldaten weiter, kamen aber auf dem Rückweg noch einmal bei ihm vorbei und fragten ihn abermals. Der Bauer verneinte erneut.

Da waren die beiden Wachleute verzweifelt und fingen an zu weinen, denn sie erwartete die Todesstrafe, wenn sie die Kasse nicht zurückbrachten. Der Bauer jedoch blieb hartnäckig und ließ sich nicht erweichen. Schließlich zogen die beiden mit gesenkten Häuptern von dannen. Tatsächlich wurden sie von einem Kriegsgericht zum Tode verurteilt und erschossen.

Als der Bauer das erfuhr, war ihm ganz elend zumute. Noch an demselben Abend kamen die Geister der beiden Soldaten als Wiedergänger an sein Bett und klagten ihn an, dass sie wegen seiner Habgier hatten sterben müssen. Das wiederholte sich von nun an jede Nacht, sodass der Bauer nicht mehr richtig zur Ruhe kommen konnte. Schließlich ließ der Bauer sein Haus abbrechen und an anderer Stelle ein Neues bauen. Dahin folgten ihm die beiden Geister nicht mehr.

An dem neuen Ort ist der Bauer sehr reich geworden, aber seinen Kindern, die alle ein kleines Vermögen erbten, hat dieser Reichtum nicht gutgetan. Sie konnten mit dem Geld nicht umgehen und verprassten ihr Vermögen. So sind sie sehr arm geworden und mussten am Ende ihres Lebens aus einer Armenkasse versorgt werden.

Die beiden Hollandgänger

Zwei Arbeiter, die Jahr für Jahr nach Holland gingen, um dort Gras zu mähen*, waren sehr gute Freunde und arbeiteten stets zusammen. Sie hatten sich sogar das Versprechen gegeben, dass derjenige, der zuerst sterben würde, wiederkommen und seinem überlebenden Freund mitteilen sollte, wie es in der »anderen« Welt aussieht.

Als sie sich nun wieder einmal auf den Weg nach Holland machen wollten, wurde der eine so krank, dass er nicht mitkommen konnte. So musste der andere allein gehen und sich einen neuen Kameraden suchen. Als er gut zwei Wochen später eines Morgens in Holland aus einer Scheune trat, in der er übernachtet hatte, sah er seinen alten Freund beschwingt auf ihn zuschreiten.

»Wo kommst du her? Bist du wieder gesund?«, rief er ihm entgegen.

»Nein, mein Freund«, antwortete er, »ich bin tot! Zu Lebzeiten habe ich meine Kinder vernachlässigt, daher muss ich nun als Wiedergänger umherwandern und meine Strafe absitzen. Außerdem hatte ich dir versprochen, mich nach dem Tod zu melden, auch wenn es mir schwerfällt. Aber versprochen ist versprochen und ein

* Sogenannte Hollandgänger.

Versprechen muss gehalten werden. Sonst geht es mir gut. Wenn du wieder nach Hause kommst, wäre es wäre schön, wenn du dich meiner Kinder annehmen könntest.«

Dann verschwand er.

Walridersken

Ein Walriderske ist ein Druckgeist, der nachtsüber zu dem Schläfer kommt und auf seiner Brust liegt (sitzt), so dass er in Atemnot gerät und sich ängstigt oder sogar einen Alptraum erleidet.

Die Walriderske von Rostrup

Zu Rostrup im Kirchspiel Zwischenahn ist ein Bauernhaus, darin haust seit uralten Zeiten ein und dieselbe Familie. Vor vielen Jahren wurde einer der Vorfahren fast jede Nacht von einer Walriderske geplagt, sodass er sich nicht rühren konnte und beim Erwachen wie im Schweiß gebadet war. Da sagte man ihm, die Walridersken kämen durch ein Schlüsselloch oder durch ein zerbrochenes Fenster herein. Und sie könnten sich auch nur durch dasselbe Loch, durch das sie hereingekommen seien, wieder entfernen.

In der nächsten Nacht blieb der Bauer wach, er wollte herausfinden, woher die Walriderske kam. Tatsächlich bemerkte er, wie sie durch einen kleinen Spalt in der Haustür hereinschlüpfte. Nun hieß er den Knecht, in der folgenden Nacht Wache zu halten und er befahl ihm, einen Pflock in das Loch zu schlagen, sobald die Walriderske bei ihm in der Kammer sei.

Gegen Mitternacht kam die Walriderske lautlos durch den Türspalt geglitten. Schnell lief der Knecht herbei, schlug den Pflock in die Öffnung und die Walriderske war gefangen. Es war ein Mädchen, so wie es schien, und da der Bauer noch keine Frau hatte und die Walriderske so schön war, heiratete er sie.

Die beiden hatten sieben Kinder miteinander. Einmal sagte die Frau: »Sieben Kinder in Engeland, sieben Kinder hier. Daraus schloss der Bauer, dass seine Frau aus England kam. Sie lebten glücklich und die Jahre vergingen, bis eines Tages der Pflock durch Zufall aus der Tür fiel. Kaum war der Türspalt frei, da rief die schöne Fremde:

»Wat rusket de Böme, wat stuff dat Sand,
Wat klinget de Klocken in Engeland!«*

* Was rauschen die Bäume, was knirscht der Sand, was klingen die Glocken in England!«

Im Nu verwandelte sie sich wieder zurück in eine Walriderske und war durch das Loch verschwunden. Der Mann hat sie nie mehr wiedergesehen. Doch erfuhr er zeitlebens ihre Nähe und ihr liebreiches Walten. Stets wurden seine Sachen durch unsichtbare Hände versorgt und in bester Ordnung gehalten. Jeden Sonnabend lagen seine Wäsche und Kleider wie auch die seiner Kinder schön gereinigt und geplättet bei den Schlafstellen. Die Entschwundene blieb des Hauses größte Wohltäterin. Nimmer konnte der Bauer sie vergessen und er hing mit der größten Liebe an ihr bis an sein Lebensende.

Visbeker Braut und Bräutigam

Ein reicher Ahlhorner Bauer hatte zwar viele Tiere auf seinem Hof, aber nur eine einzige Tochter, nämlich Grete, die er über alles liebte. Grete wuchs mit einem armen Nachbarsjungen namens Konrad auf, mit dem sie sehr viel Zeit verbrachte und den sie im Laufe der Zeit immer mehr liebgewann. Je älter beide wurden, desto mehr war diese Beziehung Gretes Vater ein Dorn im Auge, weil Konrad so arm war. Er wollte seine Tochter mit einem reichen Bauernsohn verheiraten.

Eines Tages gab es ein Kirchweihfest in Großenkneten, zu dem Grete mit ihrem Vater fuhr. Konrad konnte nicht mitkommen, denn Gretes Vater ließ ihn sein Vieh hüten. Auf diesem Fest tanzte Grete mit einem reichen Bauernsohn namens Jürgen, der sie bereits nach kurzer Zeit fragte, ob sie nicht seine Frau werden wolle. Das verneinte sie, denn sie dachte immer nur an ihren Konrad.

Ein paar Tage später kam Jürgen auf den Hof von Gretes Vater geritten und hielt ganz offiziell um Gretes Hand an. Grete war zu dem Zeitpunkt nicht im Haus. Der hocherfreute Vater stimmte sofort zu, denn er wollte bald einen wohlhabenden Schwiegersohn haben. Als Grete diese Neuigkeit erfuhr, brach sie in Tränen aus.

Am Hochzeitstag ließ sich Grete teilnahmslos schmücken. Ihre Aussteuer wurde auf den Brautwagen geladen und anschließend setzte sich der Festzug mit den Gästen in Bewegung und fuhr dem Festzug des Bräutigams entgegen. Weit entfernt hörte man schon die Glocken von Visbek. Da wandte sich Grete noch einmal an ihrem Vater: »Ich will Jürgen nicht heiraten, ich liebe Konrad!«

Gretes Vater schüttelte nur den Kopf und trieb die Pferde zu noch größerer Eile an. Da rief Grete ganz laut:

»HALTET EIN, HALTET,
LIEBER WERDE ICH ZU STEIN!«
ALS DAS ICH WERDE SEIN.

Kurz darauf blitzte es, gefolgt von einem gewaltigen Donnern, und die Hochzeitsgäste beider Brautzüge verwandelten sich in Steine.

Diese Steine gehören zu den beiden Großsteingräbern (im Volksmund Hünengräber). Sie liegen etwa drei Kilometer voneinander entfernt in der Nähe von Ahlhorn und heißen im Volksmund »Visbeker Braut« und »Visbeker Bräutigam«.

Das Geheimnis der Steinplatte

In der Nähe dieser Großsteingräber ist eine große Steinplatte, die über einem Kellergewölbe zu liegen scheint. Auf dieser Platte ist folgendes zu lesen:

»Oh, wunner, oh wunner,
wat liggt hier wol unner?«*

Sehr lange hatte der Stein nun so da gelegen. Keiner vermochte ihn umzudrehen und man dachte, es liege vielleicht ein großer Schatz darunter. Schließlich taten sich alle jungen Männer der Umgebung zusammen, und es gelang ihnen mit vereinten Kräften, den Stein umzudrehen. Etwas erstaunt lasen sie, was auf der anderen Seite des Findlings eingeritzt war:

»Et wär doch ok mal tied,
dat ik käm up de annere sied.«**

* Oh Wunder, oh Wunder, was liegt hier wohl darunter?
** »Es wird ja auch mal Zeit, dass ich komme auf die andere Seit.

Die Namensgebung von Goldenstedt

In jungen Jahren verdingte sich Rudolf, Graf von Diepholz, als Küchenjunge beim schwedischen König, und da er sich sehr geschickt anstellte, wurde er bald zum Kämmerer befördert. Eines Tages verirrte er sich während der Jagd in einem Wald, als ihm plötzlich eine wunderschöne Jungfrau erschien. Sie schenkte ihm einen funkelnden Ring mit einem Edelstein und brachte ihn wieder auf den richtigen Weg.

Während einer Wache bemerkte der König diesen funkelnden Ring an Rudolfs Hand und fragte ihn nach der Herkunft. Der junge Graf schilderte dem König seine Begegnung, woraufhin der König ihm seine Tochter zur Frau gab, denn er hatte diesen jungen Mann schon vorher sehr liebgewonnen.

Rudolf kehrte nun reich beschenkt und mit seiner Gemahlin in seine Heimat zurück. Seine Untertanen empfingen ihn an der Grenze zu seiner Grafschaft, wo eine Brücke über die Hunte führt. Die Gräfin warf viele Goldmünzen unter das Volk, seither wird diese Brücke »Goldene Brücke« genannt und der Ort bekam später den Namen Goldenstedt.

Die Namensgebung von Wardenburg

Während des Dreißigjährigen Krieges lagerte Graf Tilly einmal mit 20.000 Landsknechten inklusive Tross in der Nähe der Hunte beim heutigen Ort Wardenburg. Da er sein Lager durch eine Wagenburg gesichert hatte, nannte man dieses Lager auch Warteburg. Als Tilly nach einiger Zeit wieder abzog, blieb eine große Gruppe (Männer, Frauen und Kinder) aus seinem Tross zurück. Sie siedelten dort, wo sich die Wagenburg befunden hatte, und nannten ihren Ort zunächst Warteburg. Später wurde daraus Wardenburg. Dass es in Wardenburg so viele Leute mit schwarzen Haaren und dunklen Augen gibt, erklärt sich aus der Abstammung der Dorfgründer, nämlich der alten Wagenburg.

Die Namensgebung von Zetel

Früher waren die Zeteler bei ihren Nachbarn verschrien als »Zeteler Diebe«. Es gab dort nämlich eine siebenköpfige Räuberbande, die regelmäßig stahl, mordete und brandschatzte. Wer lebend in ihre Hände fiel, dem gossen die Räuber flüssiges Blei in beide Ohren, so dass äußerlich nicht zu sehen war, woran das Opfer gestorben war. Meistens kündigten sie ihre Vorhaben an, indem sie

Drohbriefe an der Tür befestigten, wie z.B. »Wir wollen den Roten Hahn durch das Haus jagen.«*
An das Haus des Bauern Hobbie schrieben zum Beispiel:

Wen de Wind nich keem ut Süde-West,
wull ick di driven ut das Nest.**

Zu guter Letzt taten sich benachbarte Ortschaften zusammen und es gelang ihnen, die Räuber festzunehmen – sie endeten alle am Galgen. Aufgrund der Zettel an den Türen bekamen die Bewohner den Namen Zeteler und der Ort wurde Zetel genannt.

Der Westersteder Kirchturm

Der Neubau des Westersteder Kirchturms war zwar sehr teuer, aber er ist auch auch der schönste im gesamten Ammerland. Er wurde im Volksmund »Kiek-int-Land«*** getauft, da man von oben einen wunderschönen Ausblick auf die Umgebung hatte. Dieser Turm machte aber die benachbarten

* Wir wollen das Haus abbrennen.
** Wenn der Wind nicht kommt aus Süd-West, will ich dich vertreiben aus deinem Nest.
*** Guck-ins-Land.

Ostfriesen ganz neidisch und sie beschlossen, den Turm einzureißen.

Eines Nachts zogen sie also mit vielen Ochsengespannen und einem langen Tau zum Westersteder Kirchturm, das sie heimlich an der Spitze des Turms befestigten. Als nun auf ein Kommando hin alle Ochsengespanne an diesem Tau zogen, wurden diejenigen, die dem Kirchturm am nächsten waren, nach oben gezogen, so dass die Ochsenbeine in der Luft baumelten. Je kräftiger nun die vorderen Tiere zogen, desto mehr Ochsengespanne gingen hinten in die Luft.

Da sich die Treiber untereinander nicht verständigen konnten, weil es so viele Gespanne waren und es ja dunkel war, hingen immer mehr Gespanne in der Luft, bis es die Ostfriesen schließlich merkten und endlich von ihrem Vorhaben abließen.

So heimlich sie gekommen waren, so heimlich verschwanden sie auch wieder, damit die Westersteder ihr Scheitern nicht bemerkten.

Noch heute können diejenigen, die ein gutes Gespür für Proportionen haben, sehen, dass der Kirchturm ein klein wenig geneigt ist.

Familiäres vom Klosterhof Jürden

Der Klosterhof Jürden ist ein großer und reicher Bauernhof zwischen Westerstede und Bockhorn. Die Eigentümer genossen in der Umgebung hohes Ansehen. Doch von diesem Hof gibt es seit langem einen Vers:

Jan von Jürden,
De lett sick verführen
Von lüttje Putt-Ann
Is dat nich en Schann?*

Diesem Vers liegt folgende Geschichte zugrunde:

Vor vielen, vielen Jahren lebte in Linswege eine nicht mehr ganz junge Frau, die nicht allzu groß gewachsen war und überall nur Lüttje Putt-Ann genannt wurde. Sie war nicht verheiratet und die jungen Leute machten einen Bogen um sie, denn irgendetwas stimmte nicht mit ihr, Sie konnte, so wurde gesagt, mehr als andere Leute.

Eines Tages nun lernte Jan von Jürden, der älteste Sohn des Großbauern, Lüttje Putt-Ann

* Jan von Jürden, Der lässt sich verführen, Von der kleinen Putt-Ann, Ist das nicht eine Schande?

zufällig kennen. Sie verliebte sich in ihn, aber Jan erwiderte ihre Liebe nicht, obwohl sie ihm auch nicht ganz gleichgültig war. Der wahre Grund jedoch war, dass nicht nur er sie als Hexe ansah und von ihr nur Schaden und Ungemach erwartete. Aber um es nicht mit ihr zu verderben, war er stets freundlich zu ihr und besuchte sie sogar mehrere Male zu Hause in Linswege.

Das blieb den Linswegern natürlich nicht verborgen und bald wurde darüber geredet, dass Jan von Jürden mehrere Male bei ihr zu Besuch war. Das gefiel seiner Verwandtschaft gar nicht und um deren Zorn und Wut zu besänftigen, versprach er ihnen, nie wieder zu ihr zu gehen und auch sonst keinen Umgang mit ihr zu pflegen. Aber er war nicht mehr frei in seinen Entscheidungen.

Eines Tages hängte die Hexe einen Topf über das Feuer und kochte etwas darin. Und als es im Topf langsam zu kochen anfing, hörte man laut und deutlich: »Er kommt. Er kommt nicht. Er kommt. Er kommt nicht.« Zur selben Zeit dachte auch Jan darüber nach, wieder zu ihr zu gehen. Aber die Scham und die Furcht vor seinen Eltern und Geschwistern hielten ihn davon ab. Er kam zu keinem Entschluss und blieb zu Hause.

Als aber die Hexe etwas mehr Holz ins Feuer warf, brodelte der Inhalt des Topfes stärker, und man hörte: »Er kommt. Er kommt nicht. Er kommt. Er kommt nicht. Er kommt, er kommt, er kommt, er kommt.«

Da wuchs auch in Jan die Lust, zu Lüttje Putt-Ann zu gehen, und sein Widerstand schmolz dahin, so sehr er sich auch anfangs dagegen wehrte. Schließlich machte er sich auf den Weg und besuchte sie wieder. Und am Ende hat er sie sogar geheiratet, zur Schande der Familie und zum großen Ärgernis der Ammerländer, da sie ja als Hexe verschrien war.

Wie Wiefelstede zu einer Orgel kam

Als die Wiefelsteder Kirche vor langer, langer Zeit noch keine Orgel hatte, bemühte sich der damalige Lehrer und Vorsänger um die Anschaffung einer Orgel, da er selbst gern Orgelspieler werden wollte. Als alle seine Bemühungen vergeblich waren, schickte er Zettel an die etwas wohlhabenderen Bürger und bat darin um eine Spende für den Kauf einer Orgel.

Als erster bekam der Junker von Böselager diesen Zettel, und er verpflichtete sich, 30 Taler zu zahlen. Allerdings dauerte es drei Jahre, bis der Zettel wieder zum Lehrer zurückkam und er feststellen musste, dass außer dem Junker niemand sonst zu einer Zahlung bereit gewesen war. Mittlerweile war auch der wohlhabende Junker gestorben und hatte lachende Erben hinterlassen. Daraufhin fügte der Lehrer der 30 eine Null an. Die Erben zahlten anstandslos die 300 Taler und so konnte die erste Orgel in Wiefelstede angeschafft werden.

Über die Zerstörung des Klosters in Hude

Als das Kloster in Hude gebaut wurde, sammelten sieben Mönche sieben Jahre lang milde Gaben. Als Dank wurden steinerne Bildnisse von ihnen in dem Klostergarten aufgestellt. Als das Kloster fertig war, benutzte man seinen hohen Turm als Seezeichen für die Schiffe auf der Weser.

Das Kloster ist durch den Bischoff von Münster zerstört worden, denn er hatte jahrelang nicht bekommen, was er von den Mönchen wollte. Diese hatten nämlich zwei Pferde so dressiert, dass sie diese allein zu verschiedenen Orten laufen lassen konnten. So konnten viele Sachen, die der Abt bestellt hatte, zum Kloster gebracht werden.

Der Bischoff bat nun die Mönche darum, ihm diese Pferde zu überlassen. Als sie sich weigerten, sandte er sogenannte »Gewaltboten«, die von den Mönchen zunächst fürstlich bewirtet aber dann getötet wurden.

Als der Bischoff das erfuhr, schickte er seinen Drosten* Wilke Steding, um die Mönche zu bestrafen. Er besetzte das Kloster mit seinen Mannen und ließ es zerstören. Die Mönche konnte er jedoch nicht fangen, denn sie waren durch einen unterirdischen Gang in das nahegelegene Norderholzer Moor geflüchtet.

Der Drost ließ das Kloster plündern und die kirchlichen Gerätschaften nach Münster zum Bischoff bringen. Das war das Ende des Klosters Hude.

Das zerstörte Kloster wurde in den folgenden Jahren von den Bauern der Umgebung als Steinbruch genutzt.

Die Riesen von Bookholzberg

Die Riesen von Bookholzberg besuchten früher oft die Riesen von Rönnebeck und Vegesack auf der anderen Weserseite. Wenn sie durch den Sand der Geest wateten, füllten sich ihre Schuhe mit Sand. Als sie danach durch die Marsch liefen, schütteten sie den Sand aus den Schuhen. So ent-

* Verwalter, der auch polizeiliche Vollmachten hatte.

standen nach und nach die Sandhügel bei Rethorn und Stenum.

Die Riesen spielten auch gern, denn als die Weser noch nicht eingedeicht war und manche Flut bis an die Ganderkeseer Geest kam, spielten sie an beiden Seiten des Weserufers Schlagball mit großen Schlägern und Bällen. Eines Tages rief der Riese von Rönnebeck dem Riesen von Bookholzberg zu, er möge ihm ein Beil herüberwerfen, damit er sich einen neuen Schläger anfertigen könne. Der Rönnebecker warf das Beil, traf jedoch den Bookholzberger Riesen unglücklicherweise mit der Klinge in die Brust, so dass dieser starb. Als die Weser im nächsten Winter wieder zugefroren war, besuchte der Rönnebecker Riese seinen Spielpartner, der immer noch mit dem Beil in der Brust tot da lag. Er grub ihm ein tiefes Grab, legte ihn hinein, füllte es mit Erde auf und legte zwei Steine darüber.

Wie die Grafschaft Vechta zu Münster kam

Nachdem der letzte Graf von Ravensberg gestorben war, lebten nur noch seine Witwe Sophia und deren Tochter Jutta auf der Burg in Vechta. Jutta sah nicht besonders gut aus, war jedoch vermögend und zog deshalb viele Freier an. Auch der junge Graf Konrad von Diepholz hatte ein Auge auf sie geworfen, aber nicht auf sie, sondern auf ihr Vermögen. Jutta war ihm sehr zugeneigt, aber der Graf machte sich lustig über sie hinter ihrem Rücken, indem er mit anderen über ihre Leichtgläubigkeit und ihren Mangel an Schönheit sprach.

Doch innerhalb kurzer Zeit erfuhren die Gräfin und ihre Tochter diese Kommentare und stellten sie zur Rede. Er beteuerte zwar seine Liebe zu Jutta, hatte jedoch immer wieder Ausflüchte, als es um die Terminierung der Hochzeit ging. Das erboste die Gräfin so sehr, dass sie sich entschloss, ihn töten zu lassen.

Beim nächsten Besuch in Vechta war es dann so weit: Die Gräfin führte Graf Konrad in ein Nebenzimmer, das mit schwarzen Vorhängen ausgestattet war. In der Zimmermitte lag ein Sandhaufen und ein Holzblock, um den herum ein Priester, einige Landsknechte und ein Scharfrichter standen. Der Priester bereitete Graf Konrad auf seinen Tod vor und der Scharfrichter enthauptete ihn.

Der Vater und Konrads Bruder wollten sich rächen und versammelten ein kleines Heer. Gräfin Sophie wandte sich an ihre Gefolgsleute, die jedoch nicht geneigt waren, für sie zu kämpfen. Deshalb bot sie dem Grafen von Osnabrück ihre

Grafschaft an, der ebenfalls nicht gegen den Grafen von Diepholz kämpfen wollte. Schließlich bat sie den Bischoff von Münster um Hilfe. Dieser entsprach der Bitte gern und besiegte die Diepholzer mit einem kleinen, aber gut gerüsteten Heer. Auf diese Weise kam die Grafschaft Vechta zum Erzbistum Münster.

Feuer auf dem Wiefelsteder Esch

In einer Johannisnacht*, und zwar um Mitternacht, ging eine Frau aus dem Hause Hüllmann über den Wiefelsteder Esch. Auf einmal erblickte sie links vom Wege, der nach Gristede führt, den hellen Schein lodernder Flammen. Neugierig trat sie hinzu und sah, dass in der Glut ein goldener Schatz aufgetürmt lag, der wie ein helles Feuer glänzte. Kurz entschlossen warf sie einen Kreuzdornstock hinein, den sie zufälligerweise in der Hand hielt, und es erlosch augenblicklich. Ohne viel Zeit zu verlieren, sammelte sie die Schätze auf.

Da ertönte plötzlich eine Stimme, ganz in ihrer Nähe: »Nimm so viele Schätze, wie du tragen kannst, aber wenn du diese Last absetzt, bevor du wieder zu Hause bist, dann werden die Schätze

* Vom 24. auf den 25. Juni.

verschwinden und du stehst mit leeren Händen da.« Die Frau hörte auf den Rat, belud sich mit wenigen Schätzen trug und sie problemlos nach Hause, ohne sie ein einziges Mal abzusetzen.

Seit dieser Zeit war die Familie sehr wohlhabend, allerdings hatte die Frau vom Tragen einen schiefen Rücken bekommen.

Der Stedinger Knecht, der in die Zukunft sehen konnte

Vor langer Zeit lebte im Stedinger Land ein Knecht, der die Gabe hatte, in die Zukunft zu sehen. In manchen Nächten hatte er das Bedürfnis zur Diele zu gehen und sah dort Leichname in Särgen. Die zugehörigen Menschen starben dann etwa ein Jahr später.

Eines Nachts spürte er wieder diesen Drang zur Diele zu gehen. Tatsächlich lag dort wieder ein Toter in dem offenen Sarg. Den Toten jedoch erkannte er nicht. Um ihn wiedererkennen zu können, holte er eine Schere und schnitt dem Leichnam ein Büschel Haare oberhalb der Stirn ab.

Als er am nächsten Morgen mit einer Magd beim Frühstück saß, meinte sie zu ihm: »Wer hat dir denn die Haare geschnitten?«

Der Knecht erschrak, denn er hatte sich selbst die Haare geschnitten. Er bekam es mit großer Angst zu tun, denn er wusste, dass man in dem Haus stirbt, in dem man gesehen wurde. Er kündigte bei dem Bauern und verdingte sich anderswo. Nach einiger Zeit jedoch bekam er Heimweh und machte sich auf, die alte Bauersfamilie zu besuchen. Er fühlte sich gut, aber nach kurzer Zeit in dem Haus starb er, so wie er es früher vorhergesehen hatte.

Die verschwundene Schatzkiste von Burhave

Ein Landbesitzer aus der Nähe von Burhave hatte einmal eine weißbunte Kuh, die jeden Morgen frei in der Scheune umherlief, obwohl sie abends fest angebunden war. Um der Sache auf den Grund zu gehen, entschloss sich der Knecht, eine Nacht in der Scheune zu verbringen. Er schlief dabei ein, aber erwachte mitten in der Nacht. Die Kuh war wieder losgebunden, und er sah einen Mann, der auf der Kuh ritt.

Der Knecht fragte den Mann, was das zu bedeuten habe. Der antwortete: »Ich hüte die Schätze meines Herrn!« Daraufhin fragte der Knecht, ob diese nicht zu bekommen seien. Die Antwort lautete: »Wenn Ihr ein junges Ziegenlamm zwei Jahre lang auf dem Scheunenboden groß füttert und kein Wort dabei sagt, dann könnt Ihr die Schätze bekommen.«

So wie der Mann es gesagt hatte, wurde es getan. Und als die Ziege fast zwei Jahre auf dem Scheunenboden war und zwei Mädchen sie gerade fütterten, da hörte man oben ein lautes Geräusch, und eine Kiste wurde an einem Strohhalm heruntergelassen. Als die Mädchen das sahen, sagte eine: »Nu pas up! Nu smiet se't se us noch up'n Kopp.«* Sogleich wurde die Kiste wieder hochgezogen, und eine Stimme sagte: «Da Ihr es so leichtsinnig verscherzt habt, so werdet Ihr lange danach suchen müssen!« Als eines der Mädchen nun beherzt fragte, wo denn der Schatz zu finden sei, bekam es zur Antwort: »Fünfzehn Schritt weit vom Haus in der Erde!« Obwohl man lange danach gesucht hat, ist der Schatz bis heute nicht gefunden worden.

… und zum Abschluss eine weitere Geschichte von August Hinrichs:

* Pass auf, nun werfen sie sie uns noch auf den Kopf.

Pingel-Krischan

Pingel-Krischan trug eine blaue Buseruntje*, um den Leib mit einem Riemen gehalten, eine Mütze mit gelbem Messingschild und eine Klingel (gemeint: Glocke), so groß wie ein guter Litertopf, mit der er durch anhaltendes Pingeln die Aufmerksamkeit der Einwohner erweckte, wenn er etwas zu verkünden hatte. Krischan war nämlich der städtisch angestellte öffentliche Ausrufer – ein Erwerbszweig, der heute bedauerlicherweise in keiner Wirtschaftskammer mehr vertreten ist.

Damals aber zog Krischan an jedem Tag durch Oldenburg, pingelte in jeder Straße heftig und so lange, bis sich alle Türen und Fenster geöffnet hatten, und gab dann mit lauter Stimme bekannt, dass ein hoher Rat dieses und jenes angeordnet hat, dass ein Seiltänzer auf dem Pferdemarkt seine Künste zeigte, dass der Frau Steuersekretär ihr Papagei entflogen war oder dass auf dem Waffenplatz ein Wagen voll Steingut zu Spottpreisen verkauft wurde.

Seine Glanzzeit aber war, wenn auf dem Stau einen um den anderen Tag ein Schiff mit frischen Fischen anlegte. Dann sang er mit Hingabe und Ausdauer in langgezogenen Tönen seinen Vers:

* Ostfriesenhemd mit dünnen, weißen Streifen.

»Up'n Stau sind frische Schellfisch kaamen – un groote groote Butt – un Kabeljau!«

Pingel-Krischan war eine ehrliche Seele, und als er eines Tages einen Beutel mit Geld fand, lieferte er ihn, wenn auch mit Bedauern, doch pflichtgemäß auf dem Rathaus ab.

Da gefundene Sachen amtlicherseits ausgeklingelt wurden, musste Krischan anderntags seinen Fund selbst verkünden – falls sich der rechtmäßige Besitzer bis dahin nicht meldete, durfte er ihn behalten.

Krischan entschloss sich, nach hartem inneren Kampf, dem Glück nicht just auszuweichen und sang mit gewaltiger Stimme durch die Straßen: »Up'n Stau sind frische Schellfisch kaamen – ick hebb'n grooten grooten ...« – dann verschluckte er sich und flüsterte: »Büdel mit Geld funnen.«

Da jeder seit Jahren seinen Vers auswendig kannte, fiel niemandem die kleine Veränderung auf und so durfte Krischan mit gutem Gewissen den Beutel als einwandfrei erworbenes Gut wieder in Empfang nehmen.

Ehrlich währt doch immer am längsten.

Bibliografie

Brüchert, Erhart: Wir Nordlichter. Historische Essays und Satiren über das Oldenburger Land und Ostfriesland, Oldenburg 2023

Dekker, Gudrun Anne: Oldenburgs Wunderhorn. Geheimnis nach 600 Jahren enträtselt, ohne Ort 2017

Dettmer, Helge: Sagen, Märchen und Legenden aus dem Oldenburger Land, Leun/Lahn 1987

Dettmer, Helge und Krüttgen, Michael: Sagen, Bräuche und historische Geschichten aus dem Oldenburger Land, Greifenstein-Allendorf 1990

Diers, Heinrich: dat dat dat gifft. Anekdoten aus Stadt und Land Oldenburg, Leer 1983

Fissen, Karl: Das sind die Oldenburger! Eine kleine Volkskunde in: Oldenburg literarisch, hrsg. von Dirk Grathoff und Raimund Hethey, Oldenburg 1992

Goldschmidt, Jonas: »Der Oldenburger in Sprache und Sprüchwort. Skizzen aus dem Leben«, Oldenburg 1847, S. 148-151 (Nachdruck Leer: Schuster 1980), in: »Oldenburg literarisch«, hrsg. von Dirk Grathoff und Raimund Hethey, Oldenburg 1992

Grube, A.W.: Geographische Charakterbilder, Theil 3, 10. Auflage, Leipzig 1875

Hinrichs, August: Rund um den Lappan, Oldenburg o.J.

Höpken, Heinrich: Moin! aus »Der Oldenburgische Hauskalender 2014«, Oldenburg 2013

Holberg, Ludwig von: Eigene Lebensbeschreibung... Copenhagen und Leizig, 1745, S. 186 f. in: »Oldenburg literarisch«, hrsg. von Dirk Grathoff und Raimund Hethey, Oldenburg 1992

Lübbing, Hermann: Oldenburgische Sagen. Ausgewählt und neu erzählt, Oldenburg 1972

Lübbing, Hermann: Die schönsten Sagen aus dem Oldenburger Land, Oldenburg 2010

Nett, Olaf: Das große Buch MOIN. Alles über Krabben, Klönschnack und Kultur, Hamburg 2023

Strackerjan, Ludwig: Aberglaube und Sagen aus dem Herzogthum Oldenburg, 2 Bde., Oldenburg 1867; 2. erw. Auflage, hrsg. von Karl Willoh, Oldenburg 1909

Danksagung

Ein großes DANKESCHÖN geht an:

Dr. Nathalie Geerlings und Dr. Jörgen Welp für ihre Geleitworte; Juliane Smalla für das kritische Durchlesen sowie Traugott Eckhardt für das Korrigieren und Verbessern des Textes

Anmerkung

Die Anekdoten »Schweigsamer Einkauf«, »Der schlagfertige Jandierk«, »Harte Schädel« und »Pingel Krischan« von August Hinrichs wurden mit freundlicher Genehmigung der August-Hinrichs-Erben abgedruckt.

Die Texte »Das goldene Pflaster«, »Zwei Birnen«, »Der schlaue Moses«, und »Aber Dr. Meyer nich!« wurden mit freundlicher Genehmigung des Schuster Verlages, Leer, dem Buch von Heinrich Diers »dat dat dat gifft« entnommen.

Ortsregister

A

Ahlhorn 103
Ammerland 21, 108

B

Bockhorn 110
Bookholzberg 114
Brake 49
Bremen 23, 24, 41
Burhave 119
Butjadingen 66
Buttel 52

C

Cloppenburg 61

D

Damme 14
Delmenhorst 26, 73
Diepholz 78, 79
Drielake 43

E

Edewecht 56
Elmendorf 79
Elsfleth 24
Emstek 96
Endel 77
Eversten 64

F

Fikensholt 70, 71

G

Ganderkesee 73, 75
Gellen 24
Gellenerhörne 25
Goldenstedt 106
Gristede 117
Großenkneten 103

H

Hammelwarden 24
Hatten 24, 91, 92
Helle 27
Hemmelskamp 27
Hoher Weg 66, 67
Hude 113
Hude, Kloster 113
Hunte 25

J

Jade 36
Jeddeloh 53, 56, 58, 59
Jever 69
Jürden 110

K

Kirchhatten 91
Klein Scharrel 59

L

Langwarden 66, 67
Linswege 111

M

Marienhausen 69
Mellum 66
Moorhausen 24
Münster 115
Münsterland 24

N

Neuenbrok 24

O

Ohmstede 72, 73
Oldenbrok 24
Oldenburger, Pferde 13, 28, 29, 32
Oldenburg, Grafschaft 14, 19, 28, 92
Oldenburg, Herzogtum 14
Oldenburg, Schloss 21, 23, 27, 36
Osenberge 22, 26
Osternburg 33
Ostfriesland 59

P

Paradies 25, 27

R

Rastede 21, 65
Rostrup 100

S

Saterland 59
Schellstede 72
Stedinger Land 118

T

Tossens 68

U

Upjever 69

V

Vechta 115, 116
Visbek 75, 77, 78, 103, 104

W

Wangerooge 14
Wardenburg 107
Weser 14, 23
Wesermarsch 50
Westerstede 14, 108, 109, 110
Wiefelstede 21, 112, 113
Wiefelsteder Esch 117
Wildenloh 53, 80, 81, 95
Wildeshausen 24, 75, 77
Wittenheim 70

Z

Zetel 108
Zwischenahn 79, 100
Zwischenahner Meer 81